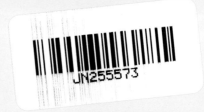

60歳までに知っておきたい金融マーケットのしくみ

三井住友信託銀行マーケット企画部

NHK出版

60歳までに知っておきたい
金融マーケットのしくみ

三井住友信託銀行マーケット企画部

NHK出版

まえがき

「貯蓄から資産形成へ」のスローガンをよく目にしますが、皆様はご自身の資産形成にどのように取り組まれているでしょうか。本書は、これから本格的な資産運用ステージに入られるミドル・シニア世代の方をはじめ金融市場の基礎を学びたい方、また、おさらいしたい方に向け、ディーリングルームの中で市場分析に携わるマーケットストラテジストが、金融市場のしくみをわかりやすく解説したものです。

世界各国の金利、株式、為替など金融市場は日々刻々と動き続けており、2008年9月のリーマンブラザーズ破綻時のように、大きな変動が生じる局面もあります。いずれの市場もヘッジファンドや金融機関のディーラーなどいわばプロがしのぎを削るフィールドです。個人投資家としては自ら個別株式を売買する場合や、投資信託や外貨預金等の金融商品を通して投資する場合もあると思います。どのような形で市場と向き合うにせよ、そのしくみを理解しておくことは、ご自身の投資目的やタイムスパンに照らした資産運用を考える際、大変重要になります。

インターネット等の技術革新により、現在では市場を動かす各国の経済指標等はプロと同じ時間に入手可能となり、過去のデータも容易に取得できます。データ分析の仕方次第で自分なりの市場見通しや、それに基づいた投資戦略を考えることも簡単にできる時代になってきました。

本書が、ご自身が主役となってライフプランに合わせた資産形成を考える、また金融市場に興味を持っていただくきっかけとなれば幸いです。

2017年10月

三井住友信託銀行株式会社 執行役員 マーケット企画部長
百瀬 義徳

60歳までに知っておきたい　金融マーケットのしくみ

CONTENTS

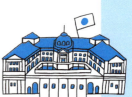

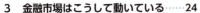

第5章　お金を通じて世界とつながる　～外国為替市場

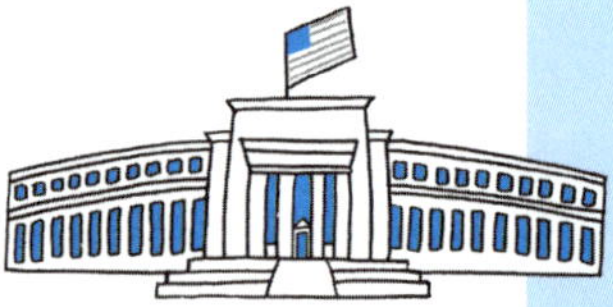

第6章　資産を守り、増やすために　～金融市場とのつきあい方

第1章

金融市場のしくみを理解する

1 将来の自分への送金のために金融市場を理解しよう

はじめに

この本は、金融市場の見方について初めて学ぶ人を対象に、銀行のディーリングルームで働く実務家が基礎知識をまとめたものです。

金融市場は、数学や物理のように常に定まったルールで動くものではありません。金融市場を理解し、将来を予測できるようになるために、これさえ読めば大丈夫という教科書や勉強法はありません。そのため、金融市場を知らない人から見ると、あたかも占いや賭け事のようで、近づきにくいと感じるかもしれません。

しかし、金融市場が変動するリクツを、非常に大まかにでも、ある程度理解することができれば、もっと身近なものと感じるのではないでしょうか。この本が、金融市場に対する着眼力を鍛える第一歩となれば幸いです。

貯蓄は未来の自分へ向けた送金

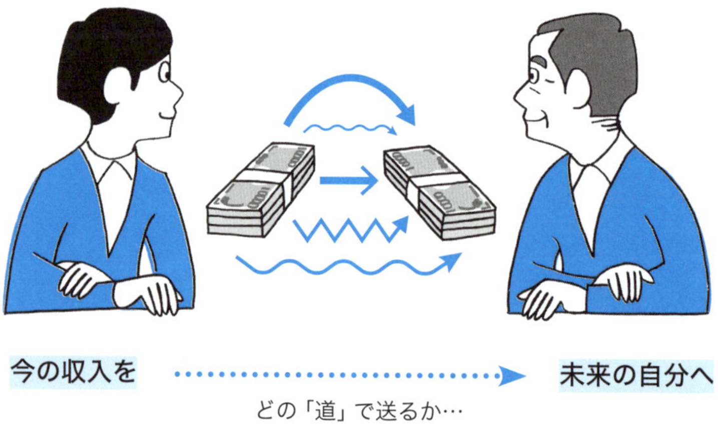
今の収入を
未来の自分へ
どの「道」で送るか…

なぜ金融市場を知る必要があるのか

ところで、なぜ金融市場を知る必要があるのでしょうか？

私たちが生活していくためにはお金が必要です。説明するまでもなく働き盛りの年代では、自分が働いて得た賃金で、消費に必要なお金をまかないます。つまり、現在の労働所得で現在の消費支出をまかなう状態です。

では、将来仕事を引退し、賃金収入がなくなったときに、消費に必要なお金はどこからくるのでしょうか。おそらく公的年金が主な収入となりますが、過去に貯蓄してきたお金を使う人も多いでしょう。

貯蓄は、言わば、過去の自分から将来の自分へ向けての送金です。将来の消費に必要なお金を、将来の自分へ送る「経路」すなわち「道」はさまざまあります。「タンス預金」という「道」を選択すれば、金融市場を知らなくてもいいかもしれませんが、銀行預金、債券、株式、外貨建て金融資産など、金融商品を「道」として選択した場合、必ず金融市場を経由することになります。その「道」は滑らかに舗装されているのか、でこぼこで急峻な山道なのか、知らなければ必要な準備ができず、事故を起こしてしまうかもしれません。

未来の自分への送金は、自分がしっかりと理解した「道」を経由して行いたいものです。この本で、さまざまな「道」を理解するための基礎を身につけていきましょう。

まとめ

貯蓄は将来の自分へ向けた送金。送金の際に通る「道」が金融商品であり、金融市場の影響を受ける。どのような「道」を通るのか、しっかり理解して未来の自分へ送金したい。

2 買い手のキモチ、売り手のキモチ～金融市場とは

価格は需要と供給で決まる

金融市場の話に入る前に、「市場（マーケット）」とそこで決まる価格について説明します。

経済の教科書には、図表1-1にあるように、需要曲線と供給曲線が交わるところで価格が決まるとされています。

需要曲線は、ある商品を買いたいと思う、買い手の気持ちを表し、供給曲線は、その商品を売りたいと思う、売り手の気持ちを表しています。つまり、買い手は価格が安ければたくさん買ってもよいと思い、逆に価格が高ければあまり買いたくないと思います。一方、売り手は価格が安いと儲からないのであまり売りたくありませんが、価格が高ければもっとたくさん売りたいと思います。

買い手と売り手が取引したいと思う数量と価格が一致する点が「市場均衡」です。市場メカニズムは、需要と供給は価格変動により調整され、市場均衡に至る、という考えですが、これが現実の世界の複雑で多岐に渡る取引すべてを説明しているわけではありません。また、モノやサービスの市場と金融市場を同じように捉えるわけにはいきません。しかし、需要と供給のバランスから価格が決まるという考え方は、金融マーケットをみる上でも基礎となります。

図表 1-1 価格は需要と供給で決まる

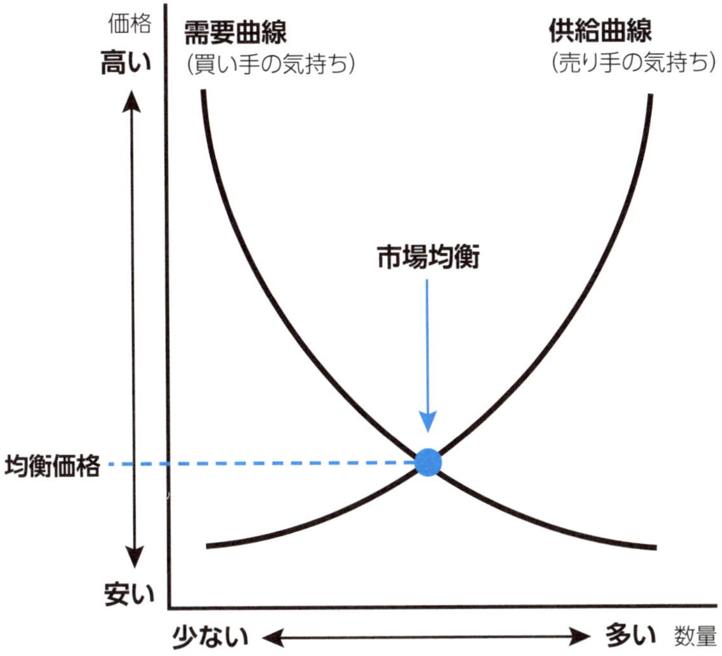

需要曲線＝安いほど多くの数量を購入したいという買い手の気持ち

供給曲線＝高いほど多くの数量を売りたいという売り手の気持ち

市場均衡＝買い手の気持ちと売り手の気持ちが一致する価格と数量の組み合わせ

金融市場の需要と供給とは

それでは、金融市場における需要と供給とは何でしょうか。

金融市場で売買されているのは金融商品です。しかし、金融商品に対する需要と供給というと、具体的なイメージがわきにくいかもしれません。そこで、「金融商品を売買する」を、「資金の貸し借りをする」と言い換えてみましょう。

金融市場では、資金を調達したい人と資金を運用したい人が資金の貸し借りなどの取引を行っています。「貸し借りなど」と表現したのは、そこではさまざまな内容の取引が行われるからです。資金を調達したい（＝借りたい）人は、金融商品を売り、その対価として資金を受け取ります。逆に、資金を運用したい（＝貸したい）人は、金融商品を購入し、資金を渡します。つまり、金融商品の売り手が資金の借り手になり、買い手が資金の貸し手となります（図表1-2参照）。

金融市場では、売り手と買い手のニーズが合致して初めて取引が成立します。お互いに取引価格に納得すると同時に、取引する量・総額についても合意しなくてはなりません。そのような売り買いニーズの合致により取引された価格が市場価格です。取引成立時点では、売り手には売る動機・根拠があり、買い手には買う動機・根拠があり、市場価格はそれらを反映した結果といえます。

市場価格が将来どのように推移するかを予想するためには、売り手と買い手の売買動機・根拠を予想すればよいのですが、金融市場には数え切れないほど多数の人々が参加しているため、個々の参加者の売り買いのニーズを調べて回ることは不可能です。

それでは、どのようにして金融市場の将来を予想するのかというと、売り手・買い手の取引動機に影響すると思われる情報を収集・分析するのです。

図表 1-2 金融市場の需要と供給

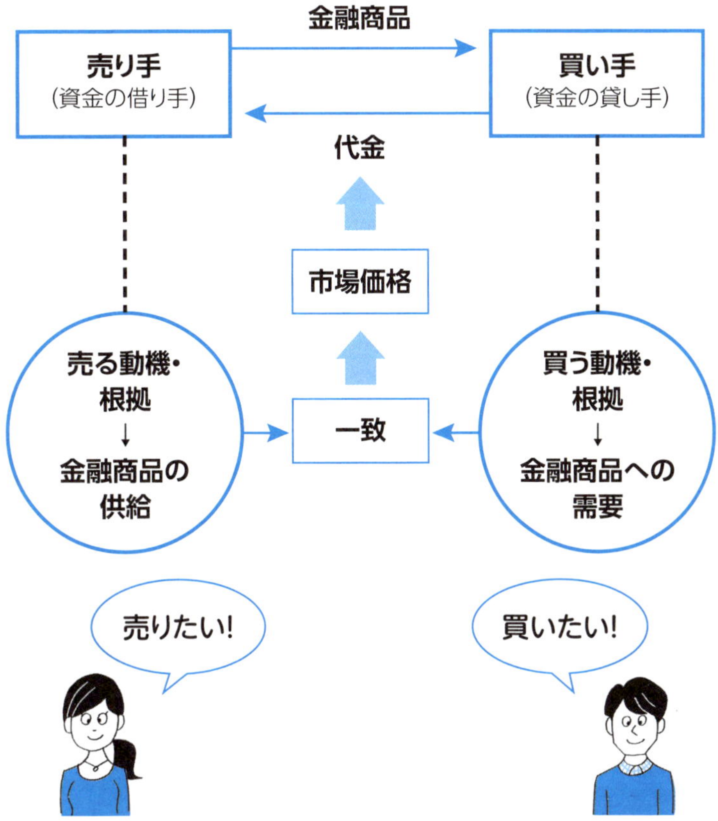

金融市場にはどんな種類があるか

金融市場と一言で言っても、あまりにも漠然としてイメージがわきにくいと思います。まず、金融市場にはどのような種類があるかみていきましょう。

金融市場を、売買されている金融商品の種類によって大まかに分類すると、図表1-3のように分けることができます。「長期金融市場」と「短期金融市場」は、取引期間が１年以下か１年超かで区切られています。また、「外国為替市場」も、広い意味では金融市場ですので、一緒にまとめました。

長期金融市場で取引される金融商品は、主に証券、つまり、「株式」や「公社債」です。公社債市場では長期の債券が売買されていますが、ここで成立する利回りが長期金利となります。また、これらから派生した「デリバティブ」（30ページを参照）の市場も、近年拡大しています。

短期金融市場は、「マネーマーケット」とも呼ばれます。参加者が金融機関に限定されている「インターバンク市場」と、金融機関以外でも参加できる「オープン市場」があり、短期金融取引から派生したデリバティブの市場もあります。

外国為替市場では、ある通貨の対価として他の通貨を売買しています。つまり、異種通貨の交換を行う市場です。そこで成立する交換比率が外国為替相場（レート）です。外国為替市場には、「銀行間市場」と「対顧客市場」がありますが、これらは、簡単に喩えると、「卸売市場と小売市場」のような関係にあります。つまり、銀行間市場は銀行やブローカー、通貨当局が参加するプロフェッショナルの市場であるのに対し、対顧客市場の参加者は、事業会社・機関投資家・個人などになります。

図表1-3 金融マーケットはこのように分類できる

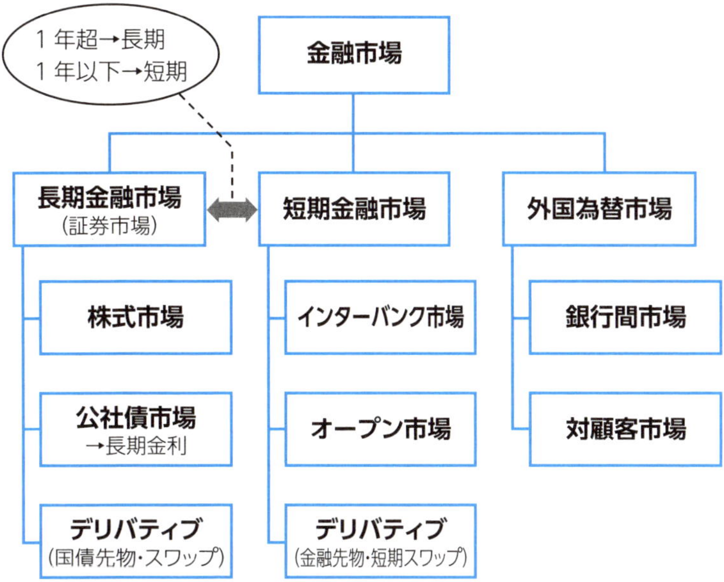

金融市場をどう分析するか

金融市場の分析手法は、大まかに、「ファンダメンタルズ分析」と「テクニカル分析」に分けられます（図表1-4参照）。

ファンダメンタルズ分析は、景気、インフレ、経常収支、市場の需給、当局の政策など、経済の基礎的な要因、つまり、ファンダメンタルズから、市場価格の先行きを見定めようとするものです。ファンダメンタルズ分析は、金利・為替・株式などの金融市場全般の動きを一貫したリクツで説明でき、経済の動きと対応させて金融市場を考えるため、中長期的な傾向を把握するのに適しています。しかし、金融市場がいつ転換するかを説明することはできませんし、金融市場の水準そのものをズバリ予想するのにも不向きです。

それに対し、テクニカル分析は、価格・出来高などの市場データを統計的・心理的に分析して、市場価格の先行きを予測するものです。市場データのみを利用し、チャートというグラフを描いて分析します。テクニカル分析は、金融市場で成立する価格には、リクツに基づいた需要と供給だけでなく、リクツに合わない市場参加者の“気持ち”まですべてが反映されている、ということを前提としています。テクニカル分析には、相場転換を予想する分析手法がありますが、チャートの解釈は千差万別で人によって異なりますし、金利・為替・株式などを一貫したリクツで説明できません。

この2つ以外に「計量分析」という手法があり、プロフェッショナルの世界では、これら3つを駆使して金融市場を分析・予想しています。この本では、初心者がリクツで理解し中長期的な傾向を把握するのに適している、ファンダメンタルズ分析に基づいて、金融市場をみていきます。

図表1-4 金融マーケットの分析手法

ファンダメンタルズ分析

- 金融市場に影響を与える基礎的な要因（ファンダメンタルズ）を分析し、将来の変動を予測
- 金利・為替のファンダメンタルズは、景気、インフレ、経常収支、市場の需給、政策動向など
- 株式の場合は、企業業績や財務状況など

テクニカル分析

- 価格や出来高などの市場データの推移をグラフ化したチャートを用いて、市場センチメントを読み取る

計量分析

- 計量経済学的な手法によるもの

これらの分析手法は初心者には難易度が高いね。

チャートの“時間軸”をどう読むか

金融市場の動きを分析したり予想したりするとき、金融市場の種類や分析手法のほかに、もう一つの重要な観点が、時間の捉え方です。

図表1-5に2つのグラフを表示していますが、これはどちらも為替相場（ドル円レート）の推移を表したものです。左側は、1975年以降、40年以上の長期間のレート推移を月次データで表示しています。右側は、2016年7月25～29日の5日間のレート推移を10分刻みのデータで表示しています。

当然のことながら、左右のグラフでは、時間の流れの速さがまったく異なります。また、値動きの幅にも大きな差があります。

数年単位の値動きと数十分単位の値動きとでは、その背景にあるマーケット変動要因はかなり違ったものになりそうだと、読者の皆さんも何となく感じるのではないでしょうか。

金融市場に向き合うとき、時間軸の違いは非常に重要な視点です。短期的な市場変動要因と長期的な市場変動要因を整理せず混ざったままにすると、見当違いのマーケット分析・予想に行き着いてしまうかもしれません。なぜならば、予想するのが1日の動きなのか5年間の動きなのかによって、着眼点が変わってくるからです。

例えば、今後1週間のマーケットを予想する場合に、人口動態の変化に着目する人はいません。人口動態は数十年の長期間で変化するものです。とうてい1週間のマーケット見通しに変化を与えるものではありません。

金融市場がこれからどう動くかを考えるときは、対象とする時間軸を最初に設定しておくことが重要です。1週間～1か月程度の短期か、2～3年程度の長期か、最初にしっかり認識することで、その時間軸にふさわしい着眼点で情報を効率的に収集・分析することが可能になります。

図表1-5 自分の見るべきチャートはどっち？
～時間軸の違いを意識しよう

ドル円レートの月足チャート

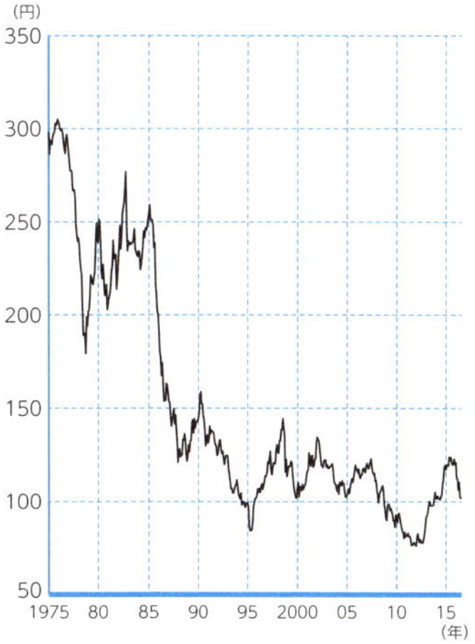

ドル円レートの10分足チャート

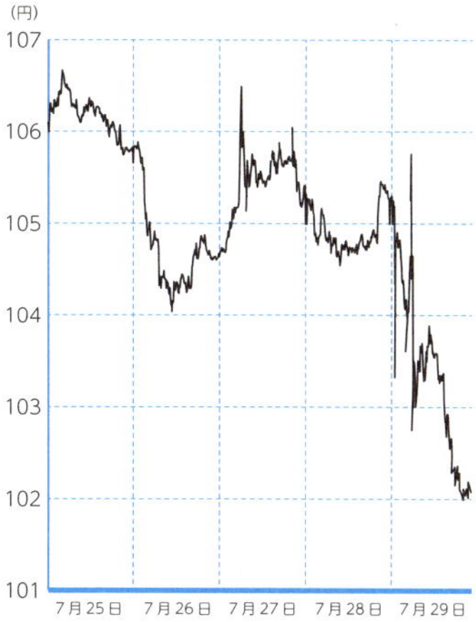

（出所：Bloomberg）

レートが動く要因は長期と短期では異なるため、
金融市場を長期的にみるか、短期的にみるかで、
値動きの幅は大きく異なります。

<為替レートでの例>
●長期の変動要因：経済発展の度合、物価水準の格差など
●短期の変動要因：輸出入の決済のための為替取引や投機的な
売買が一時的に片方サイドに偏る場合など

用語解説 月足・10分足

図表1-5に、「月足チャート」・「10分足チャート」という表現があります。「足」という表現に戸惑うかもしれませんが、データの時間刻みの単位を表しています。月足（つきあし）は月次データ、10分足は10分ごとのデータです。そのほかに、日足（ひあし）、週足（しゅうあし）、年足（ねんあし）などがあります。

時間軸が重要なワケ

時間軸の違いは、着眼点や情報収集・分析に影響するだけではありません。自分が見ている金融市場の時間軸が揺らぐと、投資行動やその結果にも影響が及びます。

図表1-6では、例として、金融市場の価格変動を、①短期、②中期、③長期の３つの時間軸で表示しています。

ある人が、③長期の時間軸でこのマーケットを分析・予想し、長期的に上昇すると考えて、A点でこの金融商品を購入したとします。結果的にこの人の予想は当たっており、マーケットは長期的に緩やかに上昇していることがわかります。しかし、それを確認する前に、②中期の時間軸では価格はA点よりも下落してしまいました。このとき、自分の予想が間違っていたと思い、B点で損失確定のために売却してしまう事態もありえます。

もちろん、金融市場の変動は、図表1-6で表したように、きれいに短期・中期・長期に分解できるとは限りません。A点より右側を手で隠してみるとよくわかりますが、将来の動きがまったく見えないなかで、時間軸の長短を認識して投資行動をとるのは至難の技といえるでしょう。これを克服するための考え方については、「第6章 金融市場とのつきあい方」で説明します。

この本では、リクツでのわかりやすさから、ファンダメンタルズ分析に基づいて金融市場をみていくと前述しました。そのため、比較的長めの時間軸に重点をおいて説明していきます。金融市場での短期的な売買（数日間程度。１日のうちに何度も売買を繰り返す場合もある）は、金融機関のディーラーやヘッジファンドのマネージャーなど、プロフェッショナルな市場参加者が主力となっており、ファンダメンタルズ（基礎的要因）では説明できないマーケット変動が起こりやすいためです。

図表1-6 時間軸がブレると、取引にも影響する！

（例：2003～2013年のダウ・ジョーンズ工業株価平均™）

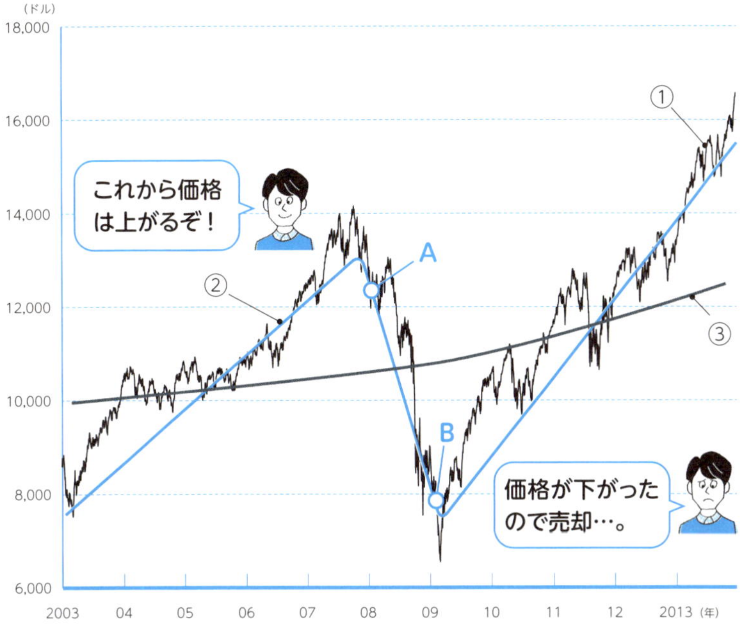

（出所：Bloombergのデータより三井住友信託銀行マーケット企画部が作成）

金融市場の価格変動を、①短期、②中期、③長期の3つの時間軸で表示しました。長期的に上昇すると考えて、A点でこの金融商品を購入しましたが、中期的に価格が下落してしまい、B点で損失を出して売却してしまう事態も。長期的見通しは正しくとも、中期的な変動に惑わされると、当初の想定から外れた行動をとってしまいます。

金利は景気や物価の影響を受ける

ファンダメンタルズ分析で金融市場を見ていく例として、金利とファンダメンタルズとの関係を長期的な視点で確認してみましょう。

図表1-7は、日本の長期金利（10年国債利回り）と、経済成長率である実質GDPの伸び率の推移を示したものです。経済成長率は、景気を表すもので、ファンダメンタルズ分析における基礎的な要因の一つです。両者は、ぴったり一致して動いているわけではありませんが、1970～80年代の金利が高い時期は、経済成長率も高めになっており、1990年以降、金利が低位で推移している時期は、経済成長率も低めになっていることがわかります。

次に図表1-8は、日本の長期金利（10年国債利回り）と、消費者物価上昇率の推移を示したものです。図表1-7と同様、これも、細かい動きは一致していませんが、物価上昇率が高い時期は金利も高めで推移しており、物価上昇率が低い時期は金利も低くなっていることがわかります。

したがって、景気（経済成長率）・物価が上向くと予想する場合は、金利上昇を想定した投資行動を、逆に景気・物価が下向くと予想する場合は、金利低下を想定した投資行動を考えればよいわけです。

まとめ

- **同一の金融市場でも、時間軸が異なると見るべき変動要因も異なる。**
- **長めの時間軸では、ファンダメンタルズ（経済の基礎的条件）の影響を受けやすい。**
- **例えば、景気・物価が高い（低い）時期に、金利は高く（低く）なる傾向 ⇒ 金利はファンダメンタルズ（景気や物価など）の影響を受けて動く。**

図表1-7 金利と経済成長率は同じように動く

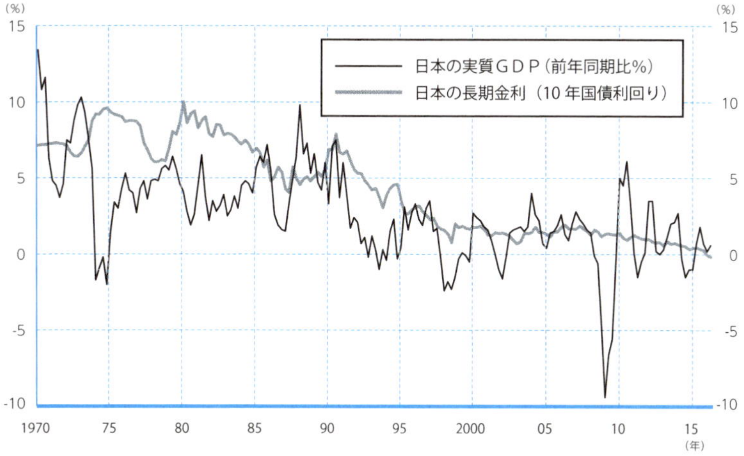

（出所：Bloomberg、INDB-Accel）

図表1-8 金利と物価も同じように動く

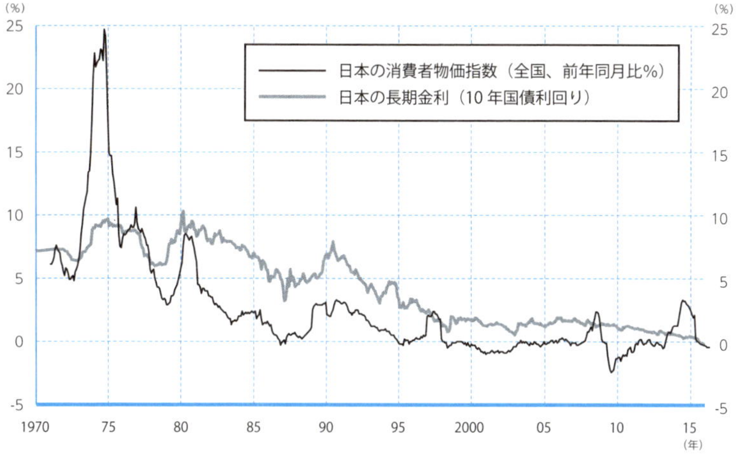

（出所：Bloomberg、INDB-Accel）

3 金融市場はこうして動いている

経済の担い手は誰？

金融市場のしくみを理解しやすくするために、さまざまな経済取引を個々に認識するのではなく、経済全体を抽象化して捉えてみましょう。

図表1-9は「経済主体」と財（モノ）・サービスならびにお金の流れを整理したものです。経済主体とは、経済活動を行う基本的単位、グループで、「家計」・「企業」・「政府」・「金融」・「海外」の5部門に分けられます。これらは、それぞれ特徴的な経済活動を行います。

「家計」は、「企業」に労働力を提供し、その対価として賃金を得ます。「企業」は、資本と労働力を活用して財・サービスを生産し、それらを「家計」などに売却して代金を受け取り、そこから利益を得ています。「政府」は、「家計」・「企業」から税金を徴収し、財政・行政サービスを通じて、所得再配分・資源配分・経済安定化などの機能を担っています。これら、家計・企業・政府は、「国内非金融部門」という大枠で括ることができます。「海外」は貿易を通じて国内非金融部門とつながっています。

ところで、この図では「金融部門」だけが離れて存在しています。金融機関も企業法人であり、金融サービスを生産していますが、ここでは、「金融」は財・サービスを生産していない部門と考えてください。

図表1-9で示した取引は、消費・投資といった、実物の取引であり、いわゆる実体経済（⇒用語解説）を表しています。ここには金融取引は表示されていません。そのため、「金融部門」がここに登場していないのです。財・サービスといった現実の経済を捉えた実体経済と、金融経済（⇒用語解説）あるいは金融取引とは、しっかり区分して考える必要があります。

図表1-9 経済の担い手はこのようにモノ・サービスを取引している

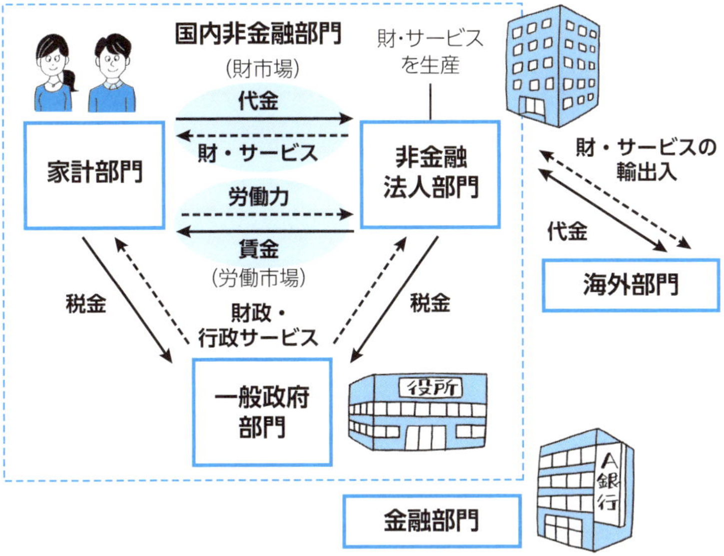

家計＝企業に労働力を提供し賃金を得る。企業から財・サービスを購入し、代金を支払う。

企業＝資本と労働力で財・サービスを生産し、家計などに売却し利益を得る。

政府＝家計・企業から税金を徴収し、行政サービスを提供。

用語解説　実体経済・金融経済

実体経済とは、財・サービスの生産・消費や設備・住宅などへの投資など、現実面での活動を指します。金融経済とは、債券・株など金融資産を取引する活動を指します。実体経済では財・サービスが生み出され、付加価値が創造されますが、金融資産の取引からは、現実の生活で利用する財・サービスは生み出されません。

貸し手と借り手をつなぐ ～金融部門の役割

資金を融通しあう取引（金融経済）は図表1-9に表示されていませんでしたが、そこでは「金融部門（銀行など）」が重要な役割を担います。

「家計」は、労働で得た賃金を生活するための消費に回しますが、すべてを消費に使うわけではなく、残った賃金は貯蓄、つまり運用します。このように、資金を運用し、貸し手となる主体を「資金余剰主体」といいます。なお、「余剰」は「不要」という意味ではありません。

「企業」は生産活動を行うために資金を調達しなければなりません。必要な資金が自己資金で用意できない場合は、不足分を外部から調達します。「政府」も社会基盤整備のために資金が必要です。税収以上に財政支出する場合は、資金調達する必要があります。企業や政府のように、資金を調達し、借り手となる主体を「資金不足主体」といいます。

図表1-10にあるように、「金融部門」は、左側の「資金余剰主体」から右側の「資金不足主体」へ資金の流れをつなぐ役割を果たしています。

しかし、「金融部門」はただ単純に左から右へ資金を流しているわけではありません。「金融部門」は、「金融仲介機能」を果たすため、資金を運用したい人と資金を調達したい人のニーズのミスマッチを調整しています。例えば、資金運用者は1年物の定期預金に預けたいが、資金調達者は期間10年で借入したい場合、運用期間と調達期間のミスマッチが生じます。金融仲介機関（主に銀行）はこのようなミスマッチの解消を引き受ける一方で、金融市場においてミスマッチから生じるリスクを、市場参加者間の取引により調整し合っています。

このように、銀行などの金融仲介機関が資金運用者と調達者の間に入る金融形態を「間接金融」（⇒用語解説）といいます。

金融市場では、金融部門同士がリスクを調整しあうだけでなく、資金不足主体が余剰主体から株式や債券などの証券で直接に資金調達する場合もあり、このような金融形態を「直接金融」（⇒用語解説）といいます。

図表1-10 金融部門と資金の流れ

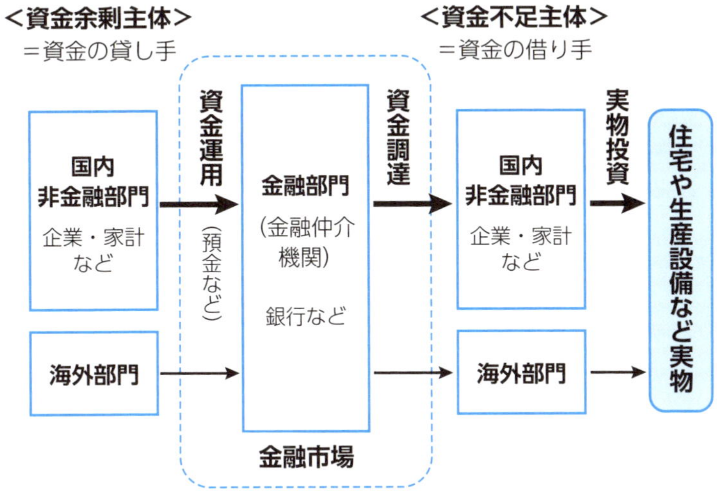

用語解説 間接金融・直接金融

間接金融では、資金の貸し手（資金余剰主体）が銀行に預金を預け、資金の借り手（資金不足主体）は銀行から融資を受けて資金を調達します。銀行が資金の貸し手と借り手の間に入って金融機能を担います。

直接金融では、資金余剰主体である投資家が、資金不足主体である企業が発行した株式や債券を購入することで、銀行を介さずに資金を提供します。

経済が活発になれば金利は上がる ～長期金利と資金調達ニーズ

これまでみてきた通り、金融市場は資金の貸し手と借り手のニーズに応じて変動します。日本の長期金利を例に、貸し手・借り手のニーズの変化を確認してみましょう。

図表1-11は、日本の長期金利と家計部門・企業部門の資金過不足の状況を比較したものです。1980年代と現在とでは経済規模が異なるため、資金余剰・不足の金額を、経済規模を表す名目GDPに対する割合で示すことで、時系列で比較できるようにしています。

これをみると、家計部門はほぼ一貫して資金余剰主体（お金が余っている状態）です。企業部門（非金融法人）は1997年度まで資金不足主体（お金が不足している状態）だったのが、1998年度以降、資金余剰主体となっています。本来企業は、資金を調達して生産のための実物資産を購入し、利益を産み出すので、資金不足主体になります。実際に1980年代は経済成長率が高く、企業が設備投資に前向きだったため、企業の資金調達ニーズは高く、長期金利も高い水準で推移していました。

しかし、1990年代の半ばに、バブル崩壊の後遺症が続くなかで、企業は資金不足主体から余剰主体へ変わりました。景気が悪化し、将来を楽観できないために、企業は設備投資意欲を失い、資金調達ニーズが急速に縮んだのです。その同じ時期に、長期金利が大幅に低下しています。

以上のことからわかるように、経済が活発化し、企業がより多くの財・サービスを生産するようになれば、設備投資意欲が増し、資金調達ニーズが高まって、長期金利を押し上げます（長期金利低下はその逆）。

このように、実体経済と金融経済は表裏一体で結びついており、金融市場は実体経済の情勢次第で変化します。金融市場の種類により変動要因や変動のしくみは異なりますが、金融市場の根本部分には、実体経済があり、その動きを見極めることが金融市場を読み解く鍵といえます。

図表1-11 長期金利と企業の資金調達ニーズは連動している

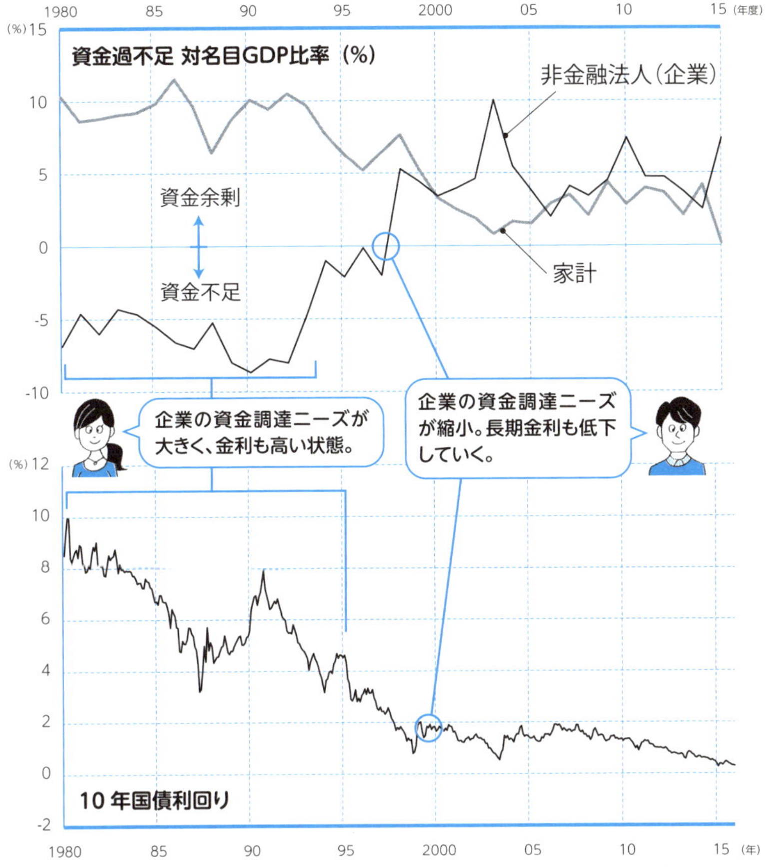

（出所：日本銀行「資金循環勘定」・内閣府「GDP統計」のデータより作成）

まとめ

- 消費・投資などの現実の経済を捉えた実体経済と、金融経済・金融取引とは、しっかり区分して考える。
- 長期金利は長い目で見ると企業の資金調達ニーズに沿って動き、企業の資金調達ニーズは実体経済の活発度合いで変化する。
- 金融市場の根本には実体経済の動きがある。

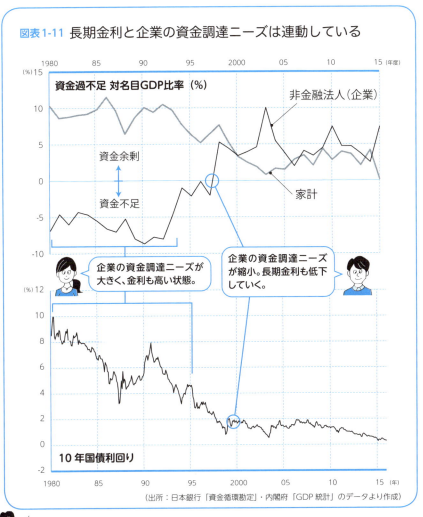

Column

デリバティブ

デリバティブは「金融派生商品」ともいいます。「派生」という言葉が示すように、デリバティブにはほかに根源となる金融商品があり、それを「原資産」といいます。原資産には、債券・金利・為替・株式などの比較的なじみのある金融商品が用いられます。例えば、国債先物取引では、将来のある時点で特定の銘柄の国債を売買することを、現時点で約束します。原資産である国債そのものを、現時点で売買するものではありません。

デリバティブの価値は、原資産の価格が変動すると変化します。デリバティブには損益変化の形状が直線のものと、オプション取引のように直線でないものがあります（図表1-12参照）。

なお、この本は初心者向けですので、デリバティブの詳細については専門書にあたることをお勧めします。

図表1-12 デリバティブの損益線の例

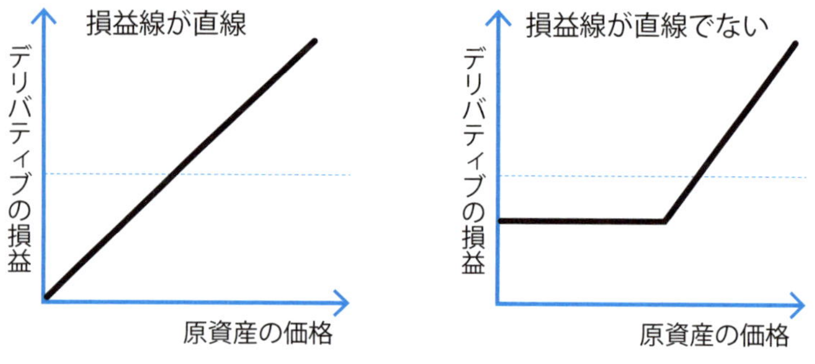

第2章

金融政策がわかれば、
金利の動きがわかる
～短期金融市場と中央銀行

1 金利の基礎知識

金利とは

「銀行に預金してもほとんど金利がつかない」。超低金利が続いている日本では、そんな発言をよく耳にします。

筆者が社会人となった1990年4月時点、1年物の定期預金の金利は5.63%でした。それが、この本を執筆する時点の2017年7月現在では0.014%（預入金額300万円未満、日銀取引先の平均）です。確かに、27年前と比較すると、どうして今の預金金利はこんなに低いのか、と思わずにはいられません。

そもそも金利とは何なのでしょうか？

金利とは、資金を貸し借りする際の「価格」のことです。

第1章で金融市場の需要と供給を、「資金の貸し借り」と言い換えて説明しました。資金を貸し借りする時点で、貸し手は投資や消費するのを我慢し、将来返済されるまで資金を利用できません。借り手は事業に投資するなど、その資金を利用して、将来利益を上げることもできます。したがって、資金の借り手が受ける便宜の対価が「金利」なのだと考えるとわかりやすいでしょう。

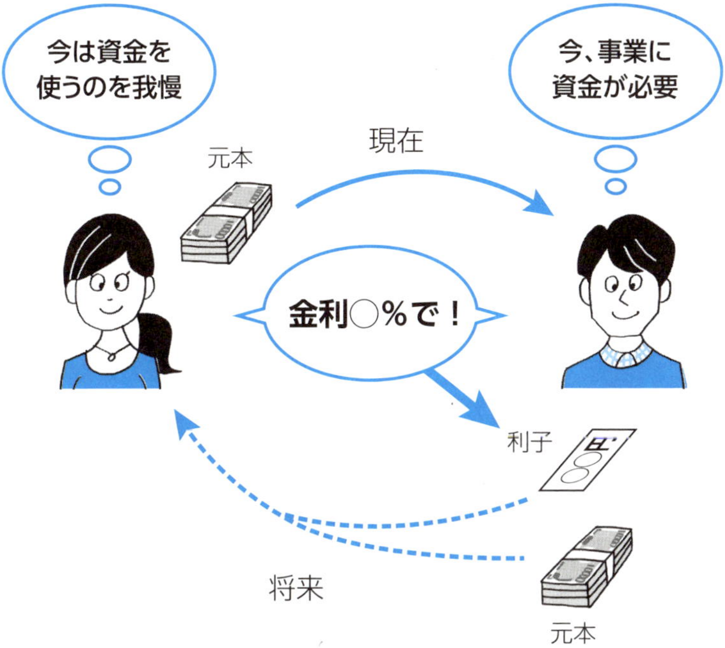
今は資金を
使うのを我慢
今、事業に
資金が必要
元本
現在
金利○%で！
利子
将来
元本

金利の類似語

金利に類する言葉には、「利率」「利回り」「利子」「利息」などがありますが､厳密にはそれぞれ意味が異なります。これらは大きく分けると、「金利」「利率」「利回り」は率・レートを示し、「利子」「利息」は金額を指します。

資金を貸し借りするときに用いる貸借率のことを「金利」や「利率」と言います。これは元本に対する割合で、「パーセント（%）」で表示されます。

これに対して「利子」「利息」は、資金の貸し借りの際に、元本に対し貸借率に応じて付される金額のことです。例えば、「100万円を年率1%の『金利』で1年間運用した場合に得られる『利息』は1万円」となります。なお、「利子」と「利息」には明確な使い分けがありません。

「金利」と「利率」は、「1年間に発生する利息の元本に対する割合」の意味で使われますが、「金利」は、「長期金利」、「短期金利」、「日米金利差」というように、大局的な経済の観点から表現する際に用いられる場合が多いようです。一方「利率」は、「1年物定期預金の利率」、「債券の表面利率」というように、主に金融商品の収益率を表示する際に用いられます。

「利回り」も金融商品の収益性を表すものですが、「利率」とは意味が異なります。「利率」は前述したように、「1年間に発生する利息の元本に対する割合」ですが、「利回り」は「運用期間全体にわたって発生する利息およびすべての収益の元本に対する割合を年平均したもの」です。ここでいう「すべての収益」には、発生した利息を再投資して得た利息が含まれます（債券投資の場合は取得時と売却・償還時の価格上昇分を含みます）。

図表2-1「利率」と「利回り」は違う

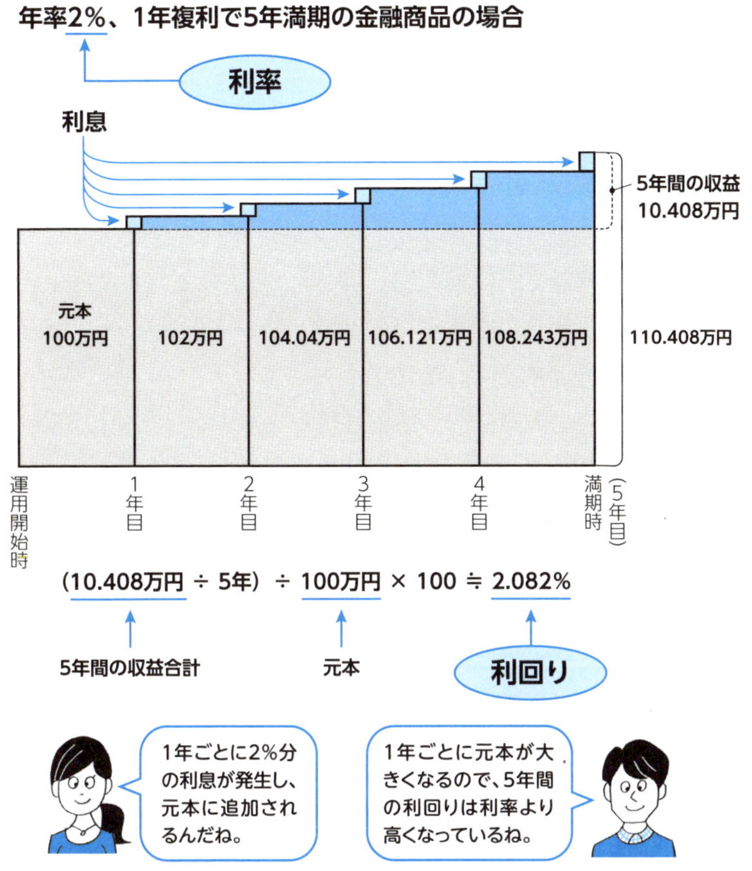

用語解説　単利と複利

「単利」とは、運用開始時の元本にのみ利息が発生し、その都度利息が支払われるしくみです。

「複利」とは、運用で得た利息を元本に追加し、「元利合計額（元本＋利息）」を新たな元本とみなして、利息が付くしくみです。図表2-1は複利の例です。

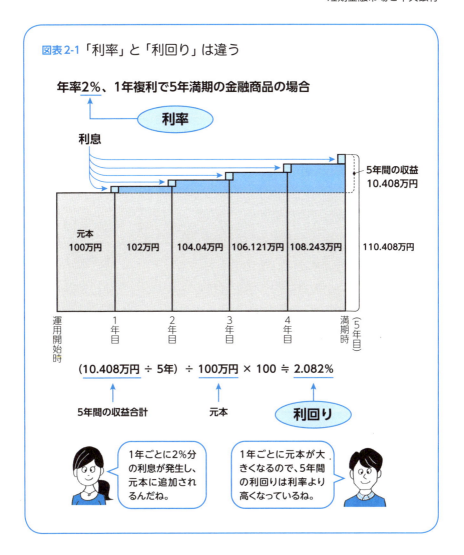

「金利」にはさまざまある

皆さんがふだん目にする金利は、銀行などが提示している金利が多いかと思います。しかし、金利にはそれ以外にもさまざまな種類があり、金融市場で取引される市場金利もあれば、その市場金利を参考にして決定される預金金利や貸出金利もあります。まず、主な金利について整理しておきましょう（図表2-2参照）。

金利は、「政策金利」「短期金利」「長期金利」の３つに大別できます。このうち、長期金利は、国債などの債券利回りを指すため、「第３章 債券市場と長期金利」で説明します。

政策金利は、金融政策を担う中央銀行が決定する金利で、短期金利の中心的な軸となるものです。政策金利の詳細については、「３ 短期金融市場と中央銀行」で説明します。

短期金利は期間が１年以内の金利を指します。期間が１日のものを「翌日物金利」または「オーバーナイト金利」といいます。２日以上の金利を「期日物金利」または「ターム物金利」といいます。

短期金利が取引される短期金融市場の代表格は、「コール市場」です。コール市場は、金融機関が日々の資金繰りを最終的に調整し合う場です。主に１日～１週間の資金が取引されています。担保（手形や国債等）の有無により、無担保コール市場と有担保コール市場に分けられます。なお、「呼べばすぐ応える」というのが「コール」の語源です。

図表2-2 日本の主な金利

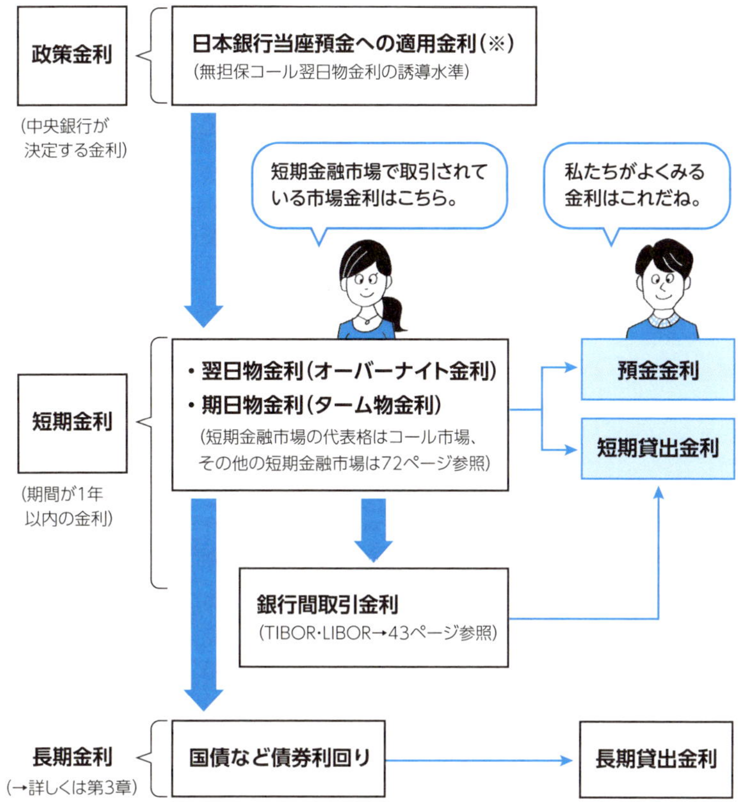

(注１) 矢印は影響を及ぼす関係を示す。

(注２) 日銀は2016年９月に「長短金利操作付き量的・質的金融緩和」を導入し、短期金利と長期金利の２つの誘導目標を設定した。※が短期金利の誘導目標。長期金利の誘導目標は10年国債金利だが、上図では省略した。これら２つが日本の政策金利となっている。
2013年４月の「量的・質的金融緩和」導入以前は、無担保コール翌日物金利が政策金利だった。

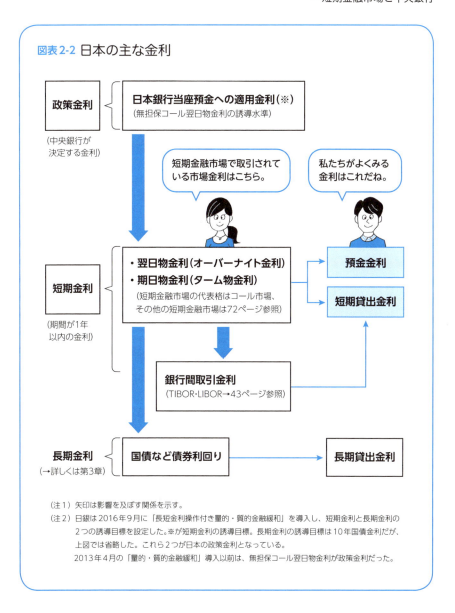

「名目」にダマされるな ～名目金利と実質金利

金利の種類を違う角度からみてみましょう。私たちが通常目にする金利は、すべて「名目金利」です。金融機関の店頭に表示されている預金金利などは名目金利で表示されています。これに対して、名目金利からインフレ率（物価上昇率）を差し引いたものを「実質金利」といいます。

実質金利（%）＝ 名目金利 － インフレ率

なぜ、名目金利とは別に、実質金利という考え方が必要なのでしょうか。

例えば、A国とB国という2つの国で、預金金利は5%と同水準ですが、インフレ率がA国では2%、B国では10%と、大きく異なっているとします。1年後、預金の増え幅は両国で同じですが、財・サービスの価格の上昇率が異なるため、B国で1年後に買える財・サービスの量はA国よりも少なくなり、お金の価値に大きな差が生じていることがわかります（図表2-3参照）。

私たちは生活していくうえでさまざまな支出をしますので、将来の財・サービス価格が上昇する分を差し引いて、預金などの金融商品の金利を検討しないと、いくら金利が高くとも、将来の生活費高騰をカバーできないという事態も考えられます。

逆に、名目金利が0%でも、デフレで持続的に物価が下がっている国では、実質金利はプラスになるわけですから、できるだけお金を使わず、金融商品で運用するほうがお得ということになります。

ここで注意したいのは、名目金利とインフレ率から実質金利を計算しようとするとき、現時点で金利の水準はわかりますが、インフレ率が将来どうなるかはまだわからないという点です。

10年・20年といった長期金利の実質金利を考えるときには、将来のインフレ率の予想は難しい問題です。しかし、１年以内の短期金利について考えるときは、よほどの経済環境の変化がない限り、足下の物価上昇率に近いインフレ率が続くとみても問題ないでしょう。預金などの確定利回りの金融商品を購入する際は、利回りとともに、インフレ率が今後どうなると思うか、あわせて検討するようにしましょう。

図表2-3 名目金利は同じ「5%」でも…〜インフレ率で判断が変わる

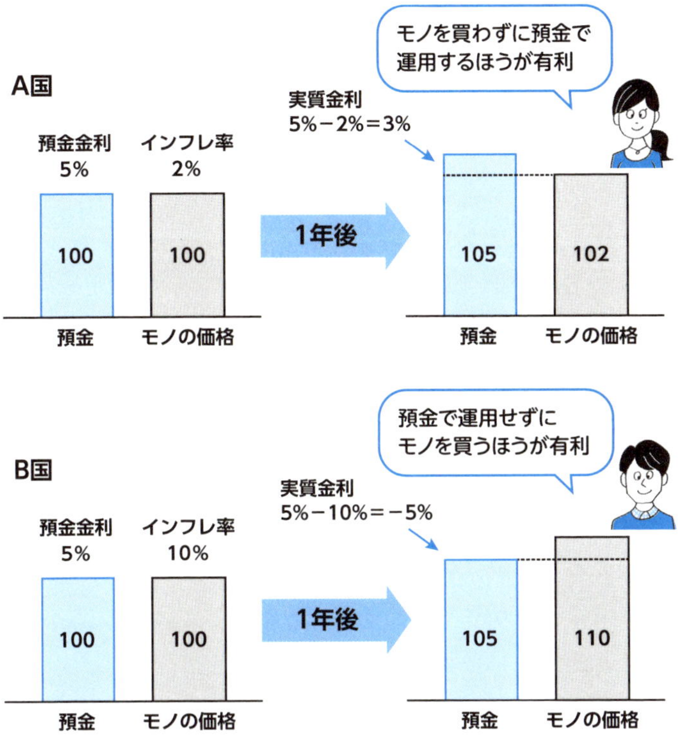

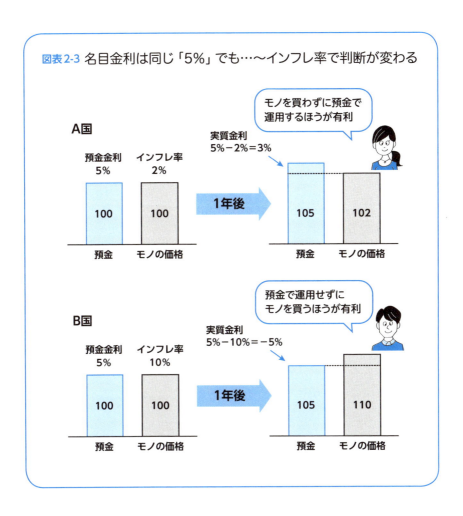

金利はどうやって決まるのか

金融市場において、金利はどのように決まってくるのでしょうか？金利が決まるしくみについては、あまりなじみのない人が多いのではないかと思います。

金利は資金を貸し借りする際の「価格」であると前述しましたので、「資金を借りたい」という需要と「貸したい」という供給のバランスから金利は決まると、すでにイメージできていると思います。

経済活動が活発ならば、資金を借りたいというニーズが高まり、貸したいというニーズは低下するため、金利は上昇します。

なぜなら、景気が良いときは、資金を借りて事業に投資し、利益を上げたいと思う企業が増えるからです。また、会社員なら、景気が良いときは将来給料が増えることを期待して、今もらった給料を預金せず、欲しいものを買ってしまうでしょう。

逆に、経済活動が低迷していると、資金を借りたいニーズは後退し、貸したいニーズは高まるため、金利は低下します。なぜなら、景気が悪いと資金を借りて事業に投資するのをためらう企業が増えるからです。また、会社員は、将来給料が上がらないかもしれないと思い、給料をできるだけ預金して将来に備えたいと思うでしょう。

金利を決めるのは景気の良し悪しだけではありません。物価の上昇率が高いときは、値上がりする前にモノを購入しようとして、資金を借りたいニーズが高まり、金利は上昇します。

逆に、物価が横ばいだったり、値下がりしているときは、モノの購入を急がず、資金を借りたいニーズが低下するため、金利は低下します。

また、実質金利の説明で触れたように、物価上昇率が低く実質金利が高ければ、モノを買うよりも、預金などで運用するほうが有利になります。そのため、資金を貸したいというニーズが高まり、借りたいというニーズは低下し、金利は低下します。

逆に、物価上昇率が高く実質金利が低ければ、預金などで運用するよりもモノを買うほうが有利となり、資金を貸したいニーズは低下し、金利は上昇します（図表2-4参照）。

図表2-4 景気がよくなれば金利は…？　～景気・物価と金利の関係

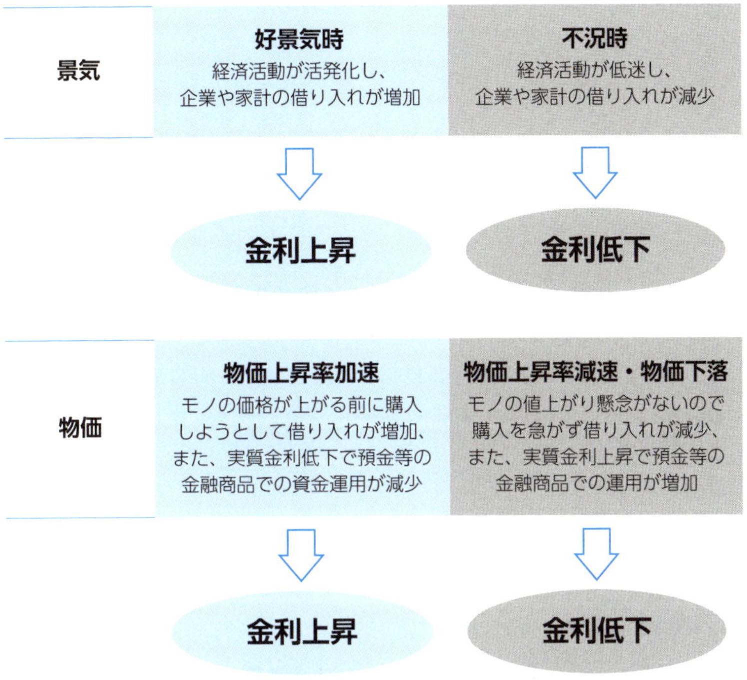

しかし、図表2-2（37ページ）でみたように、短期金利については、金融政策を担う中央銀行が決定する政策金利の影響を強く受けるため、単純に景気・物価動向だけをみていればよいというものではありません。中央銀行が景気・物価をどのように捉え、将来をどのように予測しているかを推し量って、今後の金融政策を見極めていくことが重要になってきます。金融政策次第では、金利が大きく変化し、今後の資産運用に大きな影響を受けることになります。中央銀行と金利の関係については、「3 短期金融市場と中央銀行」で後述します。

また、資金の需要と供給は、貸し借りの期間に応じて、景気・物価の動向や市場参加者の心理・期待感の影響を受けます。1週間後や1か月後の景気・物価動向は、現状からあまり大きく変化する可能性は低く、現時点での予想がさほど大きく外れることはないでしょう。しかし、10年後あるいは20年後に世の中がどのように変わるかについては、予想はかなり不確実なものとなるでしょう。そのため、短期金利から長期金利へと金利の期間が長ければ長いほど、市場参加者の期待や予想の影響を強く受けることになります。

まとめ

- **金利とは、資金を貸し借りする際の「価格」のことである。**
- **金利は「政策金利」「短期金利」「長期金利」の３つに大別できる。**
- **実質金利（%）＝ 名目金利 － インフレ率**
- **金利は景気・物価から決まるが、短期金利は中央銀行の金融政策の影響を、長期金利は市場参加者の期待・予想の影響を強く受ける。**

Column

TIBORとLIBOR

TIBOR（タイボー）とは、東京銀行間預金市場出し手レート（Tokyo InterBank Offered Rate）の略です。リファレンス・バンクと呼ばれる金融機関が、短期金融市場の実勢を反映したレートを提示し、それらを集計して算出されます。

LIBOR（ライボー）とは、ロンドン銀行間預金市場出し手レート（London InterBank Offered Rate）の略です。TIBORと同じく、指定銀行が提示したレートを集計して算出されます。

TIBOR・LIBORは、金利デリバティブや融資の基準金利として利用されています。しかし、市場の実勢をきちんと反映していないのではないかとの問題意識から、算出方法などの改革が進められてきました。とくにLIBORは2012年に不正操作問題が発覚し、2021年末までに廃止されることとなっています。しかし、LIBORは巨額の金融取引の指標金利であるため、新しい指標金利への円滑な移行には多くの課題を抱えています。

金利自由化と公定歩合

日本は、1947年の臨時金利調整法施行により、規制金利の時代が続きましたが、1980年代に自由化が進み、1994年に普通預金などの流動性預金の金利が自由化され、金利自由化が完了しました。

規制金利の下では、預金金利は「公定歩合」に連動していましたので、日銀が公定歩合を変更すると、預金金利も一斉に変更されました。しかし、金利自由化の完了により、公定歩合と預金金利の直接的な連動関係はなくなりました。公定歩合は金融政策の中心的な手段としての役目を終え、現在では「基準貸付利率」と名前を変え、短期金融市場の金利がこの利率を上回らないようにする役割を担っています。

2 中央銀行と金融のしくみ

「銀行の銀行」日銀の役割 〜日銀当座預金と準備預金制度

短期金利は、金融政策を担う中央銀行が決定する政策金利の影響を強く受けます。そのため、短期金利や短期金融市場を理解するには、まず、中央銀行と金融のしくみについて理解しておく必要があります。ここでは、中央銀行の例として日本銀行（以下、日銀）を取り上げます。

日銀はいうまでもなく「中央銀行」ですが、その役割の一つに「銀行の銀行」というものがあります。日銀は民間の金融機関から預金を預かっています。これが「日銀当座預金」です。また、日銀は民間の金融機関に貸出を行います。民間の銀行と一般の企業・家計との関係に似ているため、日銀は「銀行の銀行」と呼ばれているのです。

日銀当座預金の一つ目の大きな役割は、金融機関同士の決済を行う手段であるということです。また、日銀当座預金は、民間の金融機関が日銀や政府と取引を行う場合にも使用されます（このことから、日銀は「政府の銀行」とも呼ばれます）。

日銀当座預金は、企業や家計が民間金融機関から預金を引き出す際の支払い準備ともなります。金融機関は手持ちの現金が足りなくなった場合、日銀から現金を引き出すことができます。しかし、日銀当座預金が不十分だと、多額の現金引き出しに耐えられない金融機関が出てくるかもしれません。そうした事態を防ぐため、銀行を初めとした、預金を取扱う金融機関は、準備預金制度の対象となっています。

図表 2-5 日銀の役割はこうなっている～準備預金制度

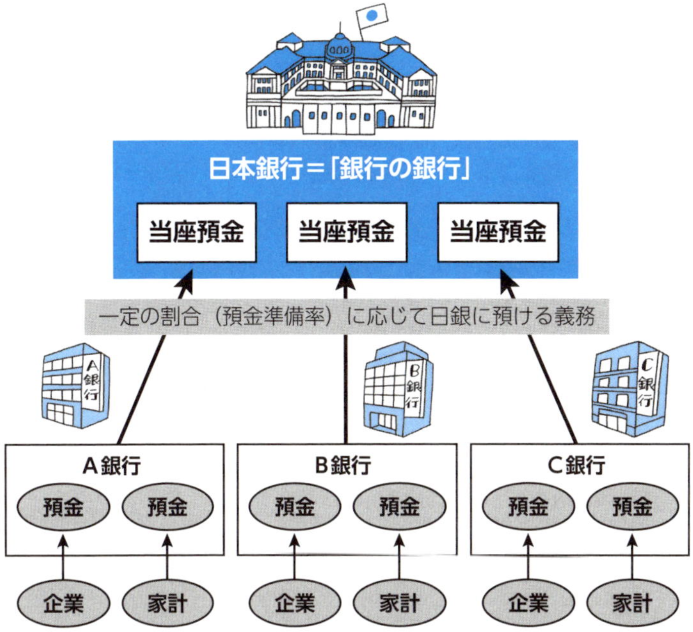

準備預金制度は、各金融機関が家計や企業から預かっている預金に対して一定の割合（預金準備率）の金額を日銀当座預金に預けることを決めたものです。この制度のもとでは、日銀当座預金は「準備預金」とも呼ばれます（図表2-5参照）。

預金準備率を上げ下げすることは、金融機関にとっては貸出のコストが増減することと同じ意味を持ちます。なぜなら、家計や企業から預かっている預金残高が変わらなくても、準備率が引き上げられると日銀当座預金に入れておく資金が増えるので、貸出などへ回す資金が少なくなるからです。なお、日銀は1991年以来、準備率を変更していません。

取引はこうして行われる ～資金決済のしくみ

私たちの日常的な経済取引に目を移していきましょう。経済取引を行うと、お金の受け払いが発生します。例えば、スーパーマーケットで食料品を買う場合、レジで代金を支払って、商品である食料品を持って帰ります。商品を受け取っても、代金を支払わないままでは、スーパーマーケットは次の仕入れのための資金が回収できず、商売に支障を来たします。そのため、決済を円滑に行うしくみが重要になってきます。

難しく考えず、「現金で支払えばよい」と思われるかもしれません。確かに現金を渡せば決済は完了します。しかし、不動産を購入するなど、高額の取引を現金で行うのは、持ち運びに危険を伴いますし、重くて大変不便です。

そのような場合、私たちは銀行の預金口座を通じて代金を払います。例えば、銀行での振込み手続きがすぐに思い浮かびます。それ以外にも、毎月の光熱水道料金の口座引き落としや、インターネット・ショッピングでのクレジット・カード支払いなど、預金を使う決済は日常生活にあふれています。

そこで、図表2-6に、日本の資金決済のしくみをまとめました。

最もシンプルなのは現金決済です。紙幣や硬貨を相手に渡せば決済が完了します。

預金口座を通じて代金を支払う場合は、少し複雑なしくみになります。代金を支払う人と受け取る人が同じ銀行に口座を持っている場合は、その銀行内にある2人の口座の間で資金の振り替えが行われます。

なお、このときに利用できる預金は、普通預金や当座預金など、預金者がいつでも払い戻しを要求できる「要求払預金」に種類が限られています。このように、普通預金や当座預金は決済手段として使われるため、「預金通貨」とも呼ばれます。預金通貨は、「いつでも現金に換えられる」という信用が前提となっています。

図表2-6 日本の資金決済のしくみ（1）

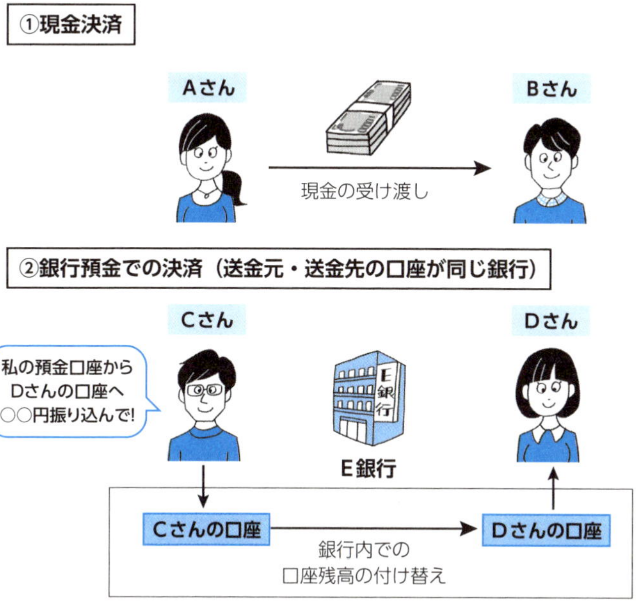

それでは、代金を支払う人と受け取る人の口座が異なる銀行にある場合はどうなるでしょうか。このとき、中央銀行である日銀が２つの銀行間をつなぐ、重要な役割を担います。

異なる銀行間での資金決済は、「日銀当座預金」の残高を増減させることで行います。この日銀当座預金を通じた資金の振り替えを行っているのが、「日銀ネット」というシステムです。

図表2-7の例では次のようになります。Fさんの依頼にもとづいて、H銀行はFさんの口座残高を減少させます。同時にH銀行の日銀当座預金残高が送金金額分だけ減少し、日銀ネットを通じて、その分だけI銀行の日銀当座預金残高が増加します。I銀行は日銀当座預金の残高増加を裏づけとして、Gさんの口座の残高を増加させます。

このように、日銀当座預金を通じて、銀行間での最終的な決済が行われています。そのため、日銀当座預金は現金と同じような性質を持つと考えることができます。

普通預金や当座預金などの要求払預金も決済手段に用いられる点では現金や日銀当座預金と同じですが、信用を裏付けているのは民間の銀行です。それに対し、現金や日銀当座預金は民間の銀行よりも高い信用力を持つ日銀が直接的に世の中に供給しています。そのため、現金と日銀当座預金の合計は「マネタリーベース」と呼ばれ、特別な「お金」として区別されています。

図表2-7 日本の資金決済のしくみ（2）

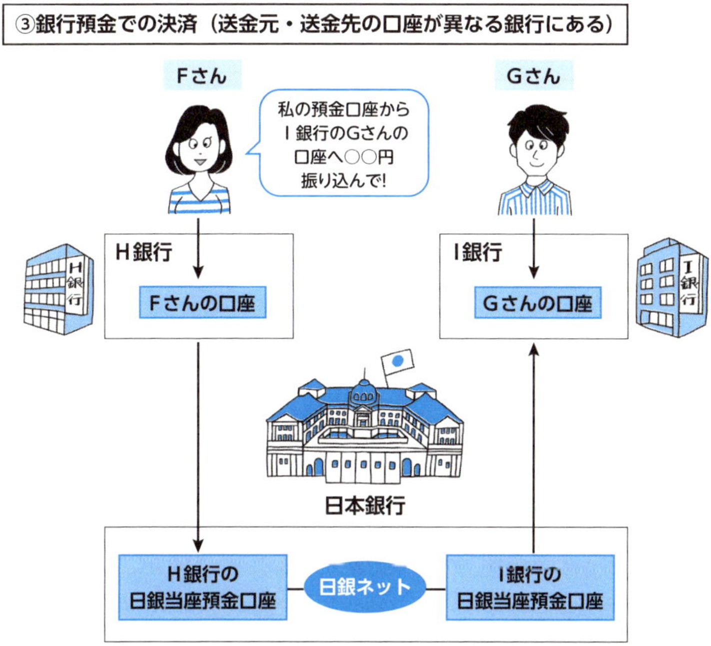

取引のカギを握る、日銀の“マネタリーベース”

マネタリーベースは、中央銀行が発行した銀行券（＝紙幣）と中央銀行に預けられた当座預金の合計です。ベースマネーあるいはハイパワードマネーともいいます。貨幣（＝硬貨）をマネタリーベースに加えるかどうかは国によって異なります。

日本の場合は、以下に示すように、発行銀行券と日銀当座預金に、貨幣流通量を加えますが、貨幣は日銀ではなく政府が発行しています。財布から紙幣と硬貨を取り出して確認すればわかりますが、日本円の紙幣には「日本銀行券」と印刷されており、硬貨には「日本銀行」ではなく「日本国」と刻印されています。

マネタリーベース＝日本銀行券発行高 ＋ 貨幣流通高 ＋ 日銀当座預金

図表2-8は日銀の資産・負債残高を示したものです。バランスシート（⇒用語解説）の負債サイドに、「発行銀行券」と「当座預金」の項目があるのがわかります。金額をみてもわかるように、日銀の負債の大半はマネタリーベースで構成されています。他の中央銀行でも、発行銀行券と当座預金が負債の主要項目となっています。

マネタリーベースは日銀の負債であり、日銀が直接世の中へ供給する通貨です。そのため、日銀が直接コントロールすることができます。したがって、マネタリーベースの供給状況を分析することにより、日銀の政策方針を読み取ることができます。

さきほどの「資金決済のしくみ」（48ページ）で触れましたが、現金と日銀当座預金の合計であるマネタリーベースは、経済取引の資金決済に使われる手段そのものです。したがって、マネタリーベースが潤沢にあれば、企業や家計、さらに金融機関は余裕をもって資金決済を行うことができるので、経済取引を活発に行いやすくなります。逆に、マネタリーベースが少ないと、資金決済のための資金のやりくりに苦労することになります。

図表2-8 日銀のバランスシートを見てみよう

日銀の資産・負債残高（2017年6月20日時点）

（単位：億円）

資産		負債および純資産	
金地金	4,413	発行銀行券	995,411
現金	2,124	当座預金	3,608,058
国債	4,228,285	その他預金	155,060
コマーシャル・ペーパー等	24,573	政府預金	129,587
社債	30,890	売現先勘定	77
金銭の信託(信託財産株式)	11,301	雑勘定	6,480
金銭の信託	142,335	引当金勘定	48,610
(信託財産指数連動型上場投資信託)		資本金	1
金銭の信託(信託財産不動産投資信託)	3,953	準備金	31,844
貸付金	454,022		
外国為替	66,016		
代理店勘定	374		
雑勘定	6,842		
合計	4,975,128	合計	4,975,128

（出所：日本銀行「営業毎旬報告」）

（色付き部分）＝マネタリーベース

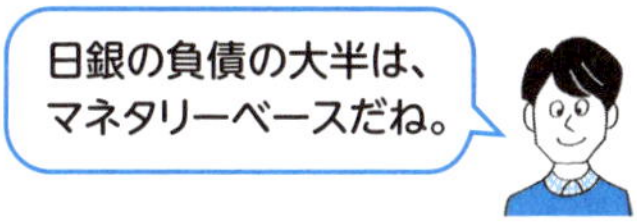
日銀の負債の大半は、
マネタリーベースだね。

用語解説　バランスシート

「貸借対照表」とも呼ばれ、企業のある時点の財政状況を表示するものです。左列に資産を、右列に負債・純資産（資本）を表示します。「資産＝負債＋純資産」という関係になります。

銀行が世の中にお金を生み出す ～信用創造とは？

ところで、マネタリーベースには、単なる決済手段の役割のみならず、「信用創造の源」という重要な役割があります。

信用創造とは、銀行の貸し出しにより、世の中に出回る「お金」が増えていくことです。中央銀行や政府はお金を発行することができますが、実は民間の銀行も、貸し出しを行うことで、世の中にお金を生み出すことができます。

この「お金」には、現金や要求払預金（普通預金・当座預金など）だけでなく、定期預金など広い範囲の金融商品が含まれますが、ここでは話をわかりやすくするために、一般的な「預金」と考えてください。

まず、民間の銀行が貸し出しによりお金を生み出すしくみを、銀行のバランスシートの変化をみながら説明します。

図表2-9にあるように、銀行が貸し出しを行うと、その金額は資産サイドに「貸出金」として計上されます。そして、その分だけ、負債サイドに「預金」が計上されます。預金、というと、外部から銀行に預けられているお金というイメージですが、貸し出しを行った際には、貸し出し先の預金口座の残高を増やすことになります。ここで重要な点は、銀行は直接、現金を貸し出したわけではなく、口座の残高を増やしただけ、ということです。

預金は、銀行が信用されている限りは、さまざまな経済活動で使用できるお金です。つまり、銀行自身の信用力を使って、世の中で使えるお金を創造した、といえるのです。

しかし、銀行が無制限に貸し出しと預金を膨張させると、預金者は自分の預金を引き出せるかどうか不安になります。そのため、準備預金制度によって、銀行は預金の引き出しに備えて、中央銀行に資金を預け入れることが義務付けられていることは、前の項で説明したとおりです。

図表2-9 貸し出しによる銀行のバランスシートの変化

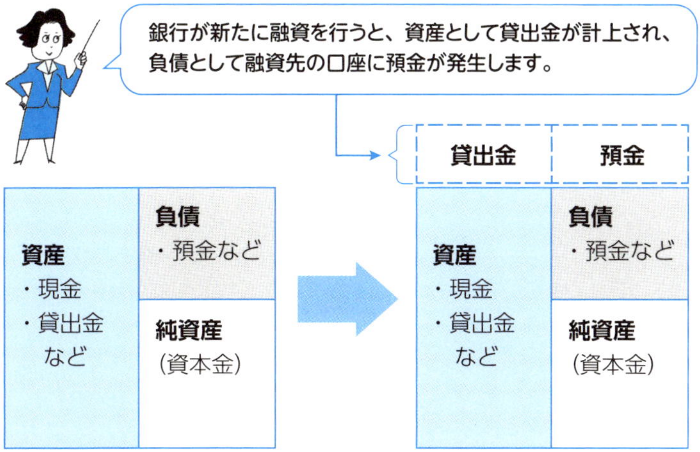

準備預金制度の下で、信用創造を何度も繰り返すと、貸し出しが増加し、同時に預金が増加していきます。そのしくみを図解したのが、図表2-10（55ページ）です。

顧客が新規で100万円の現金を預金として銀行に預けます。ここで、前述の準備預金制度を思い出してください。銀行は預金が増えると、その一定割合を、日銀当座預金に預けなくてなりません。

準備率を10%と仮定すると、100万円のうち10万円は日銀当座預金へ預けなくてはなりませんが、残りの90万円を貸し出しに回すことができます。すると、貸し出しを受けた家計や企業の銀行口座に、90万円の預金が加えられます。銀行はその90万円の預金のうち81万円をさらに次の貸し出しに回すことができます。こうして信用創造が繰り返されるわけです。その結果拡大した信用、つまり預金などの残高を「マネーストック」（⇒用語解説、55ページ）といいます。

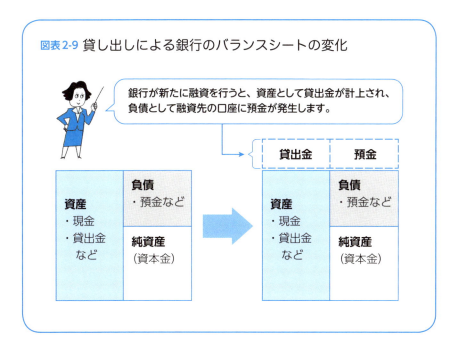

図表2-10の例からもわかるように、準備率を上げると信用創造は難しくなり、準備率を下げると信用創造は容易になります。準備預金制度は、民間銀行による信用創造を中央銀行が制御するしくみといえます。

以上のように、民間銀行は信用創造を行い、「お金」を増やすことができるのですが、その根源には現金と準備預金（日銀当座預金）、すなわち、マネタリーベースがあるのです。

まとめ

- **預金準備制度のもとで、民間の銀行は、家計・企業から預かっている預金に応じて、日銀当座預金に資金を預け入れなければならない。**
- **経済取引を行うと、お金の受け渡しが発生する。そのとき、支払手段に使えるのは現金だけでなく、要求払預金（普通預金など）も支払いに利用できる。また、預金で支払うとき、異なる銀行間での資金のやり取りは日銀当座預金を通じて行われる。**
- **現金と日銀当座預金はマネタリーベースと呼ばれ、日銀が供給している。**
- **民間の銀行は、マネタリーベースを元に信用創造を行い、貸し出しの増加と同時に預金も増加させる。ただし、準備預金制度により、日銀が信用創造を制御している。**

図表2-10 信用創造のしくみ

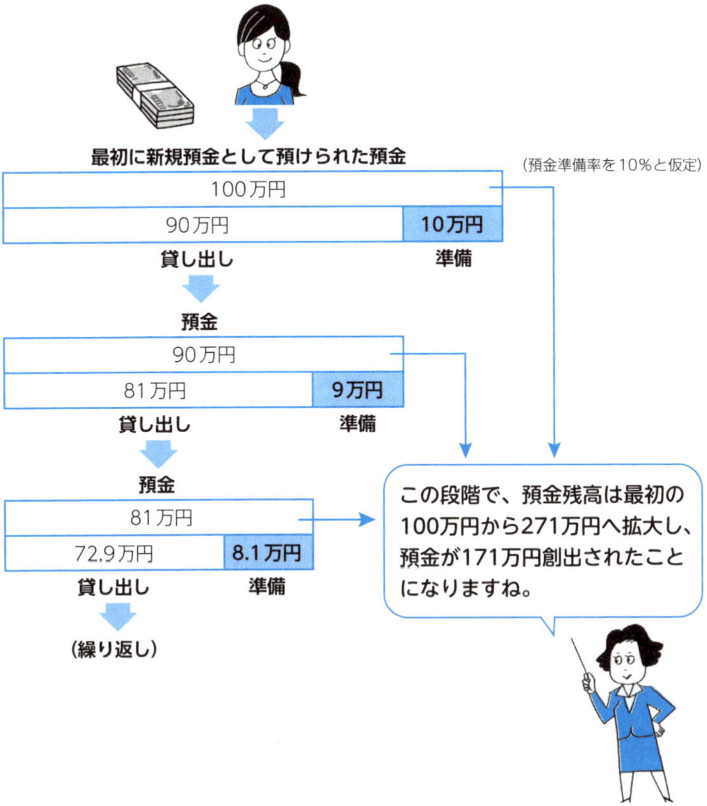

用語解説 マネーストック

世の中に出回っている「お金」の量を測る統計。銀行の信用創造の結果、「お金」は基礎となるマネタリーベースよりも拡大します。現金通貨や要求払預金だけでなく、定期預金やその他の金融商品も対象となっています。マネーストックにはいくつかの指標があり、対象とする金融商品の範囲が異なります。海外ではマネーサプライとも呼ばれます。

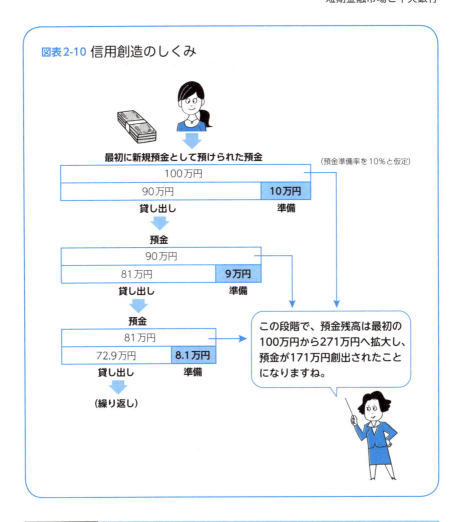

3 短期金融市場と中央銀行

短期金融市場とは

「短期金融市場」は1年以内の短期の資金を貸し借りする市場の総称です。図表2-11にあるように、企業や家計の経済取引に伴う資金決済の結果、各金融機関は日々の資金のやりくりが、資金不足だったり、資金余剰だったりします。その資金の過不足を、金融機関は短期金融市場で調整しあいます。

日本の短期金融市場にはいくつかの種類がありますが（72ページ参照）、代表格とされるのが「コール市場」です。コール市場は主に1日から1週間の資金を取引しており、とりわけ無担保コール翌日物（オーバーナイト）金利は短期金利の指標として高い注目を集めます。なぜなら、多くの金融機関が参加する市場で決まる金利であり、その日1日の世の中の資金過不足の状況を反映した金利だからです。46ページの「資金決済のしくみ」で説明したように、企業や家計の経済活動の資金決済が最終的に金融機関同士で決済され、その結果の資金過不足が、1日の金利である無担保コール翌日物金利に反映されているのです。

翌日物よりも長い短期金利である「期日物（ターム物）金利」については、翌日物金利の予想が積み重なっていると考えるとわかりやすいでしょう。1週間分の翌日物金利の予想が積み重なって1週間物金利に、3か月分の翌日物金利の予想が積み重なって3か月物金利になるわけです。また、この「予想」のほかに、資金の貸し手がその期間は資金を自由に使えなくなることへの「見返り」も反映されます。

しかし、期日物金利は満期までが１年以内と比較的短いため、出発点である翌日物金利の水準が大きな影響力を持ちます。無担保コール翌日物金利を出発点として、「予想」や「見返り」などを反映しながら、期日物金利、そして長期金利が形成されているのです。そのため、私たちが金利の動きを予想するときには、この無担保コール翌日物金利が将来どうなるかを考えることが出発点になるでしょう。

なお、無担保コール翌日物金利は、2013年４月に日銀が「量的・質的金融緩和」を導入するまで、政策金利として日銀が目標とする水準を示していました。ちなみに米国では、無担保コール市場に相当するのは「フェッドファンド市場」で、政策金利は「フェッドファンド金利」です。

図表2-11 短期金融市場と金融機関の関係

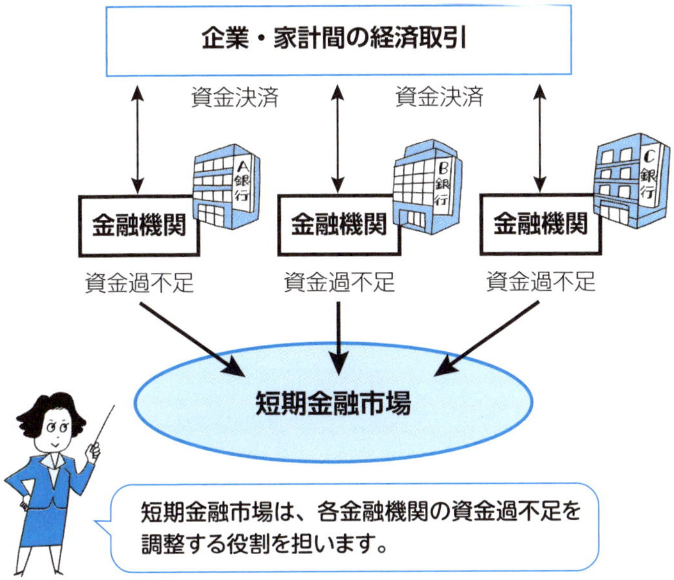

日銀が行う“オペ”とは 〜短期金融市場と日銀

中央銀行が決定する金利を「政策金利」といいます。中央銀行は金融政策の基本方針として政策金利の水準を決定します。

前項の最後に紹介した、日本の「無担保コール翌日物金利」や米国の「フェッドファンド金利」は、中央銀行の設定した水準へ誘導されますが、その誘導水準が政策金利なのです。

なお、日銀は2016年9月に「長短金利操作」という新しい政策を導入し、日銀当座預金への適用金利（短期金利）と10年国債金利（長期金利）の2つの金利をコントロールしています。そのため、現在、無担保コール翌日物金利は政策金利ではありませんが、将来、経済環境が変化すれば、再び日銀の政策金利となるかもしれません。

ところで、政策金利というと、「公定歩合」を思い浮かべる人も多いでしょう。公定歩合は中央銀行が金融機関に貸し出しを行う際の金利です。かつて、規制金利の時代は、預金金利などが公定歩合に連動して動いていましたが、金利が自由化された現在では政策金利としての役目を終えています（43ページ参照）。

日銀では「金融政策決定会合」で金融政策が議論され、基本方針である「金融調節方針」が決定されます。その方針に基づいて、実行部隊である「金融市場局」がさまざまな金融調節を行います。主な金融調節が、「公開市場操作（オペレーション：オペ）」です。

図表2-12にあるように、日銀は短期金融市場が金融調節方針に沿うようにオペレーションを実施して、金融機関の資金過不足の状況を変化させます。金融機関は変化した資金過不足を短期金融市場で調節するので、短期金融市場で取引される短期金利が変化し、日銀が望む金利水準へ誘導されていきます。

図表2-12 日銀のオペで短期金利が変化するしくみ

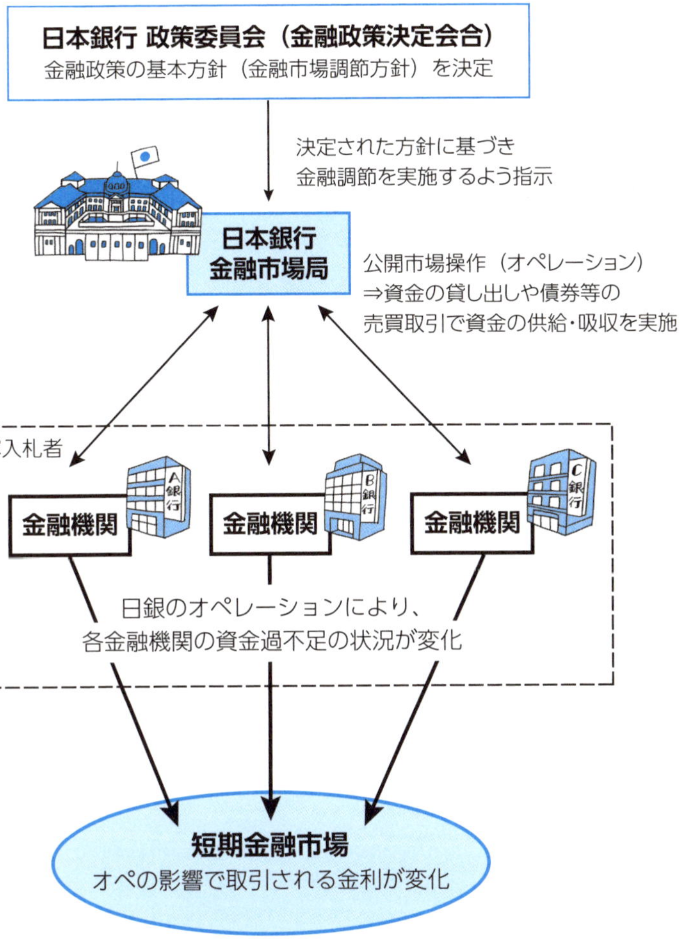

では、オペレーションで短期金利に影響が伝わる経路をみてみましょう（図表2-13参照）。日銀のオペレーションは、「資金供給オペ」と「資金吸収オペ」の2種類に分かれています。

資金供給オペを実施すると、民間の金融機関から債券などを買い入れ、その代わりに資金を渡します。資金を受け取った金融機関は資金余剰が拡大（もしくは資金不足が縮小）するので、短期金融市場での資金運用が増加（もしくは資金調達が減少）します。すると、短期資金の貸し借りのバランスが変化し、資金の貸し手の方が多くなるため、金利が低下していきます。資金吸収オペは、逆の影響を与え、資金の借り手の方が多くなり、金利が上昇します。

日銀の主なオペレーションは、図表2-14にまとめました。資金供給オペでは、日銀は国債・社債・CP（72ページの図表2-20参照）などを買って、金融機関に資金を供給します。資金吸収オペでは国債・手形などを売って、金融機関から資金を吸収します。

37ページの図表2-2にもあるように、短期金融市場で成立する短期金利は、銀行の預金金利や貸出金利など、世の中のさまざまな金利へ影響を与えます。日銀は、政策金利を設定し、短期金融市場を誘導することによって、世の中の金利を間接的に誘導しているといえます。

図表2-13 日銀金融調節と短期金融市場への影響

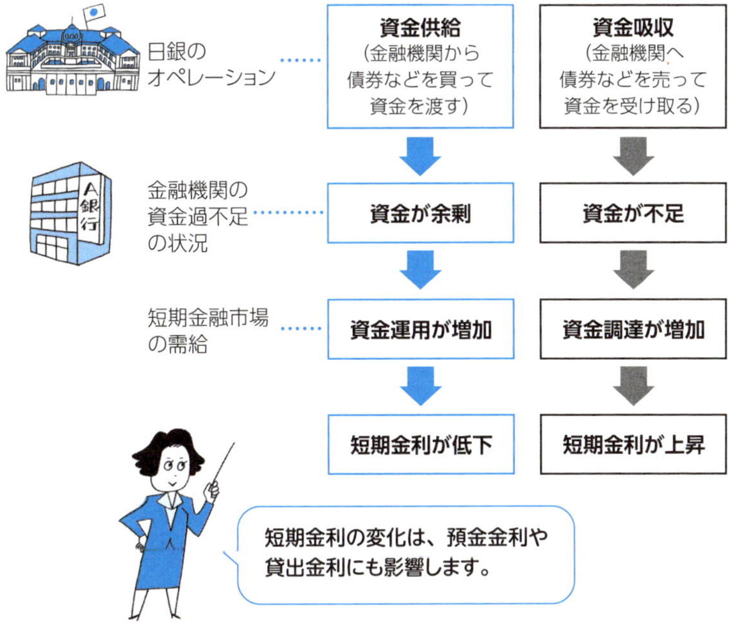

図表2-14 日銀の主なオペレーション

	種　類	
資金供給オペ (日銀が金融機関から金融商品を購入して資金を渡す)	**・共通担保オペ** **・国債買現先《かいげんさき》オペ** **・国庫短期証券買入オペ** **・国債買入れ** **・CP及び社債等買入れ** など	**短期金利低下を狙う**
資金吸収オペ (日銀が金融機関へ金融商品を売却して資金を受け取る)	**・手形売出オペ** **・国債売現先《うりげんさき》オペ** **・国庫短期証券売却オペ** など	**短期金利上昇を狙う**

(出所：日本銀行ホームページより作成)

金融政策の目的

これまでみてきた、日銀による金融政策は何を目的に行われているのでしょうか？

日本銀行法によると、日銀の金融政策は、「物価の安定を図ることを通じて国民経済の健全な発展に資する」ことを目的としています。米国の連邦準備制度では、「雇用の最大化」と「物価の安定」がその使命として掲げられています。図表2-15にまとめたように、近年、先進国では、物価の安定に重きが置かれています。

なお、「物価の安定」以外では、「持続的な経済成長」や、「金融システムの安定」、「雇用の拡大」といったことも、金融政策を運営する上で意識されています。

では、なぜ物価の安定が重視されているのでしょうか？

それは、物価が大きく上昇したり下落したりする状況では、円滑に経済活動を行うことができないからです。市場経済では、個人や企業はモノやサービスの価格を手がかりにして、消費や投資を行うかどうかを決めています。物価が大きく変動すると、個人も企業も計画が立てられず、経済活動に大きな支障をきたします。

例えば、パン屋さんは小麦粉やバターなどの材料を仕入れ、パンを製造・販売しています。もしも、小麦粉やバターの価格が非常に不安定で2倍、3倍と、どんどん上昇している状況下では、材料の仕入れに必要な金額を想定することが難しくなります。今の材料価格を元に仕入れ資金を用意しても、購入時点では価格は急変しているかもしれません。

物価が安定していることで、人々は経済活動を行いやすくなります。経済の発展のため、物価を安定させ通貨の信認を守ることが中央銀行の役割なのです。

図表2-15 各国の金融政策の目的

	**日本**	・物価の安定を図り、国民経済の健全な発展に資すること ・「物価安定の目標」を消費者物価の前年比2%に設定
	**米国**	・雇用の最大化 ・物価の安定（物価目標を前年比2%に設定） ・(長期金利の安定)
	**ユーロ圏**	・一義的な目標を物価の安定に設定 ・消費者物価の前年比2%以下で2%に近い上昇率
	**英国**	・物価の低い水準での安定(政府目標として前年比2%に設定) ・政府の成長や雇用に関する目標達成を支援すること
	**豪州**	・通貨の安定（物価目標を消費者物価で2〜3%に設定) ・雇用の最大化 ・上記に加え、経済の繁栄と豪国民の福祉の維持

(出所：各国中央銀行のウェブサイトより)

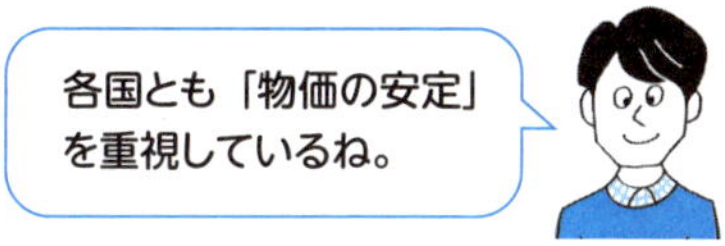

例として、2007～08年のジンバブエの物価上昇率をご紹介しましょう（図表2-16参照）。2007年1月の物価上昇率は前年同月比で1,594％（！）でした。日本でインフレ期といわれた1974年ですら、消費者物価上昇率は前年比約25％増でしたので、ジンバブエの物価上昇率の異常さは明らかです。ジンバブエでは、その後も月を追うごとに物価上昇率は加速して2008年6月は1,126万％（!!）になり、それ以降は算出不能となりました。前年同月比100％増で物価は前年同月の2倍になるので、1,126万％は想像を超える物価上昇率です。

ジンバブエでは、巨額の財政赤字を埋め合わせるために、中央銀行が政府に求められるままに紙幣を増刷、発行し続けました。その結果、自国通貨のジンバブエ・ドルの信用が大幅に低下、ほぼ無価値となり、物価が急激に上昇、いわゆるハイパーインフレ（⇒用語解説）となったのです。

通貨の価値はモノやサービスの価格に表れます。例えば、精米5キロが1年前に1,000円で購入できていたのが、今は2,000円になったとします。1,000円で買える精米の量が半分の2.5キロに減るわけですから、1,000円の「使い出」が減ったことになります。ですので、物価を安定させることは通貨の価値を安定させることと同じなのです。

では、物価が下がって通貨の価値が上がるのは、問題がないのでしょうか？

日本では、1990年代後半に物価下落が続き、いわゆるデフレ（⇒用語解説）となりました。通貨の価値が上昇を続け、人々がモノを買わないで資金を溜め込んだため、経済から活気が失われました。

そのため、経済成長には緩やかな物価上昇が継続することが望ましいとされています。極端なインフレでもなく、デフレでもない状況で、個人は消費をしやすくなり、企業も借入れや設備投資に積極的になります。

実際に、主要先進国の中央銀行の多くは、目標インフレ率を年2％程度に定めています（図表2-15参照）。

図表2-16 物価上昇率1,000万%超え！
～ジンバブエの物価上昇率（2007年～08年）

	前年同月比		前年同月比
2007年1月	1,594 %	2007年10月	14,841 %
2007年2月	1,730 %	2007年11月	26,471 %
2007年3月	2,200 %	2007年12月	66,212 %
2007年4月	3,714 %	2008年1月	100,580 %
2007年5月	4,530 %	2008年2月	164,900 %
2007年6月	7,251 %	2008年3月	417,823 %
2007年7月	7,635 %	2008年4月	650,599 %
2007年8月	6,593 %	2008年5月	2,233,713 %
2007年9月	7,982 %	2008年6月	11,268,759 %

（出所：ジンバブエ国家統計局）

用語解説　インフレ

インフレーション。モノやサービスの価格（物価）が持続的に上昇すること。

用語解説　デフレ

デフレーション。モノやサービスの価格（物価）が持続的に下落すること。

用語解説　ハイパーインフレ

特に急激にインフレが進むこと。紙幣の過剰な増刷などで通貨への信認が失われ、政府や中央銀行が物価を制御できなくなります。

中央銀行の組織

ここで、日本・米国・ユーロ圏について、金融政策を決定する中央銀行の組織を説明しましょう（図表2-17参照）。中央銀行は、日本では日銀を指しますが、米国とユーロ圏では、単一の中央銀行は存在せず、複数の組織体で成り立っています。

日本の場合、日銀は、図表2-12（59ページ）にあるように、最高決定機関である「政策委員会」が金融政策決定会合を年８回の頻度で開催し、９名の委員が多数決で政策を決定します。その政策方針に基づいて、金融市場局が実務担当として日々のオペレーションを行います。

米国の中央銀行は、連邦準備制度（Fed、フェッド）と呼ばれ、連邦準備制度理事会と12地区にある連邦準備銀行（地区連銀）から成り立っています。米国の中央銀行は全組織体を指す「Fed」ですが、「FRB」と呼ぶことが一般的になっています。FRBは連邦準備制度理事会の略称ですが、地区連銀を含む場合でもFRBで通用します。連邦準備制度で金融政策を決定するのは「連邦公開市場委員会（FOMC）」です。実務を担当するのは地区連銀の一つであるニューヨーク連銀です。

ユーロ圏も米国と似ています。欧州中央銀行（ECB）とユーロ圏に参加している各国の中央銀行から構成されており、その全組織体を「ユーロシステム」と呼びます。しかし、一般的に、ユーロシステムとECBを区別せず、ユーロ圏の中央銀行を指すときにはECBといいます。金融政策は「政策理事会」で決定され、日々のオペレーションはユーロ圏内の各国中央銀行が分担して実施しています。

これら中央銀行の金融政策が変更されると、金利だけでなく、株価や為替レートも大きく動くことがあるため、各中銀の金融政策を決定する会合は重要イベントとして注目を集めます。これらの会合は、半年から１年先程度までスケジュールが公表されているので、予め把握しておけば、急なマーケット変動にも心構えができるでしょう。

図表2-17 日・米・欧はここで金融政策を決める
～中央銀行のしくみ

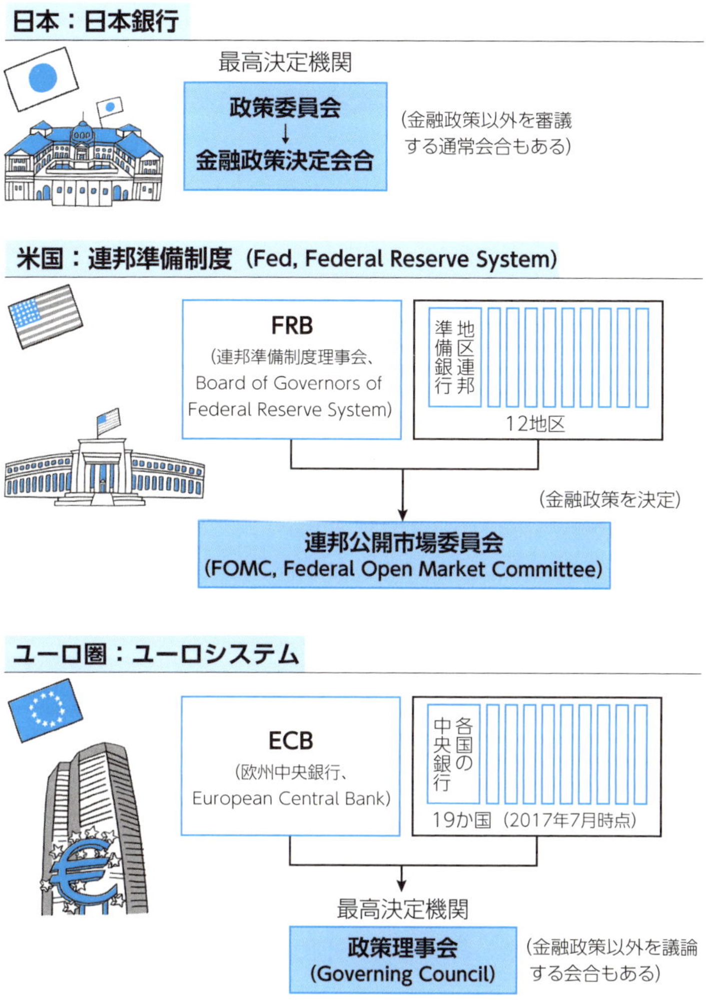

金融政策と景気・物価の関係

それでは、金融政策は私たちの暮らし向きにどのような影響を与えるのでしょうか。景気や物価への影響をみていきましょう。

金融政策は、経済の好調・不調の波を調整するために、中央銀行が金融市場に働きかける政策です。金融政策の目的としては、「物価の安定」が最重要なのは、前述したとおりです。主要先進国の中央銀行は緩やかな物価上昇を目指すため、前年比で2%程度の物価目標を設定しています。

ところで、物価はさまざまな要因で変動しますが、一般的に、経済活動が活発なときに物価は上昇し、景気が悪化すれば低下する傾向にあります。したがって、中央銀行が景気や物価を上向かせたいと判断するときは「金融緩和」(金利を引き下げ、市中へお金を供給する)を行い、逆に、景気や物価を抑制したいと判断するときは「金融引き締め」(金利を引き上げ、市中からお金を回収する)を行います。

金融緩和・引き締めは、図表2-18にあるような流れで、景気・物価へ影響を及ぼしていきます。

金融緩和は、景気を押し上げたり、インフレを加速させたいときに実施します。政策金利を低く設定することで、貸出の金利や社債の金利など、市中の金利が低下します。金利が下がるということは、お金を借りるコストが下がるということです。企業や個人は資金を調達しやすくなり、銀行からの融資も増えていきます。つまり、信用創造機能が向上します。それにより景気が上向き、物価に押し上げ圧力が働きます。

逆に金融引き締めは、景気過熱を抑えたり、インフレを抑制したいときに実施します。政策金利を高く設定することで、市中の金利が上昇します。借入コストが上がることで、企業や個人は資金を調達しづらくなり、銀行からの融資は減っていきます。つまり、信用創造機能が低下します。それにより景気の過熱は抑えられ、物価には下落圧力が働きます。

現代の主要先進国では、金融緩和・引き締めの手段として、政策金利を誘導目標に設定し、オペレーションによって短期金融市場を調節するのが一般的ですが、以前は異なる手段も用いられていました。すでに説明した、公定歩合の変更（58ページ）と預金準備率操作（45ページ）です。

金融政策の手段が時代によって変わってきたように、近年では、経済環境の大きな変化により、新しい手法が取り入れられるようになりました。従来の、政策金利を誘導目標に据えて短期金利を調整する手法を「伝統的金融政策」といいます。これに対し、新しい手法は「非伝統的金融政策」と呼ばれます。非伝統的金融政策については、次ページで説明します。

図表2-18 金融緩和・引き締めが景気・物価へ波及するプロセス

金融緩和	金融引き締め
景気を上向けたり、インフレを加速させたいときに実施	**景気過熱を抑えたり、インフレを抑制したいときに実施**
政策金利を低く設定する	政策金利を高く設定する
↓	↓
世の中の金利（貸出金利や社債の金利）が低下する	世の中の金利（貸出金利や社債の金利）が上昇する
↓	↓
借り入れコストが下がり、企業や個人は資金を調達しやすくなる	借り入れコストが上がり、企業や個人は資金を調達しづらくなる
↓	↓
景気は上向き、物価に押し上げ圧力が働く	景気の過熱が抑えられ、物価に下落圧力が働く

非伝統的金融政策とは

非伝統的金融政策は、短期金利が「ゼロ％」という下限に到達した段階で、さらに金融緩和を行うために実施する政策のことです。

2008年以降、多くの先進国で短期金利がゼロ％近くまで低下しましたが、景気が上向かない状態が続きました。そこで、これまでにない新しい手法で金融緩和が行われました。

図表2-19に、主要な非伝統的金融政策をまとめました。

「量的緩和」は、当座預金やマネタリーベースなどの資金量をコントロールします。金融機関から債券などを買い入れて、資金量を増加させ、緩和的な金融環境を作り出します。

「質的緩和」は、量的緩和と同様に資産購入を行いますが、その目標が「量」ではなく、資産の内容にあるところが特徴です。例えば、国債よりもリスクの高い、株価と連動する上場投資信託（ETF）や不動産投資信託（REIT）を購入することで緩和効果を高めようとするものです。

「フォワードガイダンス」は、中央銀行が将来の金融政策の方向性を明確に示すことによって緩和効果を高める政策です。例えば、物価や失業率が一定の数値になるまで金融緩和を継続することを約束したり、あと何か月はこの政策を行うと期限を明示することで緩和効果を高めようとする政策です。

「マイナス金利」は政策金利をマイナスに設定する政策です。民間金融機関が中央銀行に預けている預金（日本では日銀当座預金）の一部にマイナス金利を課します。金融機関は中央銀行に預金を預けると、利息をもらうのではなく、支払うことになります。金融機関はこれを避けるため、企業や個人への貸し出しを増やすことが期待されます。

「長短金利操作」は、2016年9月に日本で導入された方法です。短期金利だけでなく長期金利をも操作対象とする政策です。日本では長期金利目標として10年国債金利に政策目標が設定されました。

図表2-19 金利「ゼロ％」時代の金融政策

名称	概要
量的緩和	当座預金やマネタリーベースなど、中央銀行が供給する「資金量」の増加を目標とする金融緩和策。
質的緩和・信用緩和	通常は購入しないリスクの高い金融商品を買い入れて、緩和効果を高める政策。 米国では2008年11月に「信用緩和」として住宅ローン担保証券などを購入。日本では2010年10月にCP・社債・ETF・REITなどの購入を開始し、2013年4月に「質的緩和」として購入額が拡大された。
フォワードガイダンス (時間軸政策)	中央銀行が将来の金融政策の方向性を明確に示すことによって緩和効果を高める政策。
マイナス金利	短期金利をゼロ％より下に誘導する政策。
長短金利操作	短期金利だけでなく、長期金利の水準も操作対象とする政策。

日本では、これら５つを組み合わせた
政策が採られていますね。

まとめ

- 短期金融市場は１年以内の短期の資金を貸し借りする市場であり、金融機関が日々の資金過不足を調整しあう場である。
- 中央銀行は、政策金利を設定し、短期金融市場を誘導することによって、預金金利や貸出金利などの世の中の金利に間接的に影響を与えている。
- 中央銀行の金融政策は、主に「物価の安定」を目的としている。物価の安定は通貨の価値を安定させることと同じである。
- 金融緩和は、中央銀行が景気を上向けたりインフレを加速させたいときに実施する。金融引き締めは、景気過熱を抑えたりインフレを抑制したいときに実施する。

Column

短期金融市場の種類

短期金融市場には、大きく分けると、市場参加者が金融機関に限定されている「インターバンク市場」と、機関投資家や一般の事業法人も参加できる「オープン市場」があります。図表2-20は日本の短期金融市場にどのようなものがあるかをまとめたものです。

「コール市場」は短期金融市場の代表格であり、金融機関が日々の資金繰りを最終的に調整し合う場です（36ページ・56ページ参照）。

そのほかの短期金融市場も、扱う金融商品や取引の形態に違いはありますが、期間1年以下の短期資金を貸し借りする場となっています。

図表2-20 日本の短期金融市場

インターバンク市場	コール市場	主に1日〜1週間の資金を取引
	手形売買市場	主に1週間〜3か月程度の資金を取引
	東京ドル・コール市場	外貨資金を無担保で貸し借り
	東京オフショア市場	非居住者との間での資金の貸し借り
オープン市場	国庫短期証券市場	政府が発行する国庫短期証券の償還期間は、2か月、3か月、6か月、1年の4種類
	東京レポ市場	国債等の債券を貸借することで資金をやり取りする
	東京現先市場	国債等の債券を条件付（売戻・買戻）で売買する
	CP市場	コマーシャル・ペーパー（Commercial Paper）は、企業が発行する無担保の約束手形
	CD市場	CD（譲渡性預金、Negotiable Certificate of Deposit）は、銀行が発行する預金証書

第3章

「債券」と「金利」の深いカンケイ
〜債券市場と長期金利

1　債券の基礎知識

長期金融市場とは

第２章では短期金融市場について説明しましたが、この章では長期金融市場の一つである債券市場について取り上げます。

期間１年以内の短期の資金を貸し借りする「短期金融市場」に対し、「長期金融市場」では期間１年超の長期の資金を取引します。

例えば、企業が資金調達をして設備投資を行う場合、生産設備を作り、生産を開始して売り上げ、調達資金分の利益を上げるには、それなりの長い時間がかかると想像できます。そのため、長期資金を円滑に調達できる市場があると、企業などが経済活動を行うのに役立ちます。

長期金融市場は「証券市場」とも呼ばれ、企業などの資金調達者が発行する債券や株式といった「証券」を売買することで、資金を取引しています。したがって、長期金融市場は「債券市場」と「株式市場」に分けられます。

「株式」は、企業が株主に出資をしてもらった証として発行する証券で、株主は出資者として企業の一部を所有するため、企業は調達資金を返済する必要がありません。一方、「債券」は、国や企業が、投資家から借入を行った証拠の「借用証書」として発行されます。債券で調達した資金は、満期がきたら返済しなくてはなりません（図表3-1参照）。

このように債券と株式は性質がかなり異なる証券ですので、まず、第３章で債券市場について説明し、株式市場については第４章で取り上げることとします。

図表3-1 長期金融市場の分類

長期金融市場
（証券市場）

期間1年を超える長期の資金を取引する市場。

株式市場

「株式」は、企業が株主に出資をしてもらった証として発行する証券。株主は出資者として企業の一部を所有するため、企業は調達資金を返済する必要がない。

⇒第４章で取り上げます。

債券市場
（公社債市場）

「債券」は、国や企業が、「借用証書」として発行する証券。債券で調達した資金は、満期がきたら返済する必要がある。

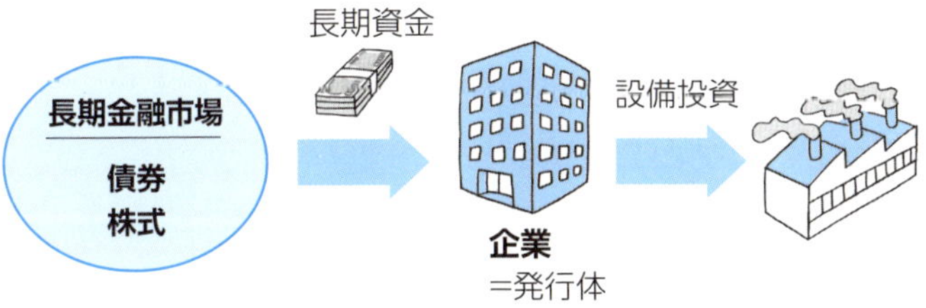

用語解説　債権

なんらかの行為の実行を求める権利のことです。一方、「債券」は利息・額面金額の支払いを求める権利が一体となっている証券そのものを指します。同じ「サイケン」で漢字は一字違いですが、混同しないように注意しましょう。

債券とは

債券は、主に国や地方自治体など（公）と企業（社）が発行するので、「公社債」とも呼ばれます。

さきほど債券は借用証書だと説明しましたが、現在、大半の債券は電子化されているため、紙の証書が存在するわけではありません。しかし、証書をイメージするほうが債券を理解しやすいので、この本では、「券面」という言葉を使い、あたかも紙の債券があるかのように説明します。

債券は、国や企業などが投資家に「利息の支払い」や「額面金額の返済」を約束して発行されます。そのため、券面には、利息や額面金額に関するさまざまな約束ごとが記載されています。図表3-2は、その基本的な約束ごとが記載された券面のイメージ図です。

「額面金額」は、債券の発行時に取り決められた返済金額、つまり返済期日に債券保有者が受け取る金額で、一般的に固定されています。多くの債券は、発行してから償還されるまで、額面金額は変わりません。預金の元本に近いようにみえますが、市場で取引される債券の価格は変動するため、額面金額と投資家が購入する金額は必ずしも一致しません。

額面金額が返済されることを「償還」といいます。償還の期日を「償還期限」や「満期」とい、額面金額と同様、発行時に定められています。

「利率」とは額面金額に対する利息の割合のことで、「利子率」や「クーポンレート」とも呼ばれます。「利払日」は文字通り利息を支払う日で、例えば年2回の利払いならば「毎年3月20日と9月20日」といった具合です。利率や利払日も通常は債券発行時に定められています。図表3-2にあるように、確定利付債（79ページ、図表3-4参照）には、定められた利率に基づく利息を利払日ごとに受け取るためのクーポン（利札）が付いています。

図表3-2 債券の券面イメージ（確定利付債）

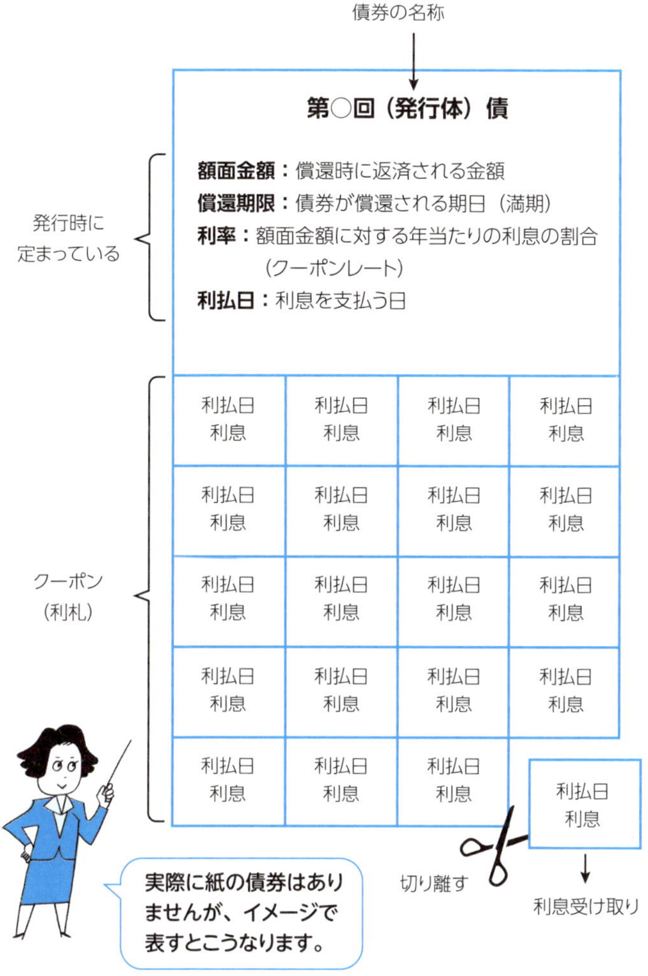

用語解説　発行体

債券を発行し、資金を調達する主体のことです。国債の発行体は「国」、社債の発行体は「企業」です。

債券の種類はさまざま

債券は多種多様な条件で発行されているため、種類を網羅的に列挙するとかえって全体像がわかりにくくなります。そこで、基本的な条件に着目して、どのような種類があるかをみていきます。

最初に、償還期限による分類ですが、図表3-3にあるように、大きく4種類に分けられます。ここでは、5年を境に中期債と長期債に分けましたが、1年超から10年までを長期債とする場合もあります。

次に、利息の支払われ方による分類を図表3-4にまとめました。「確定利付債」は発行時に利息や額面が確定している債券です。「固定利付債」ともいいます。最も一般的な債券ですので、この本で特に明記しない場合は確定利付債のことを述べていると考えてください。「割引債」は、保有期間中に利息が支払われない代わりに額面以下で発行される債券です。主に政府や企業などが1年以下の資金を調達するときに発行します。「変動利付債」と「物価連動債」は、通常固定されている利子率や額面金額が市場の実勢などに応じて変動する債券です。

最後に、発行体による分類については、主なものを図表3-5に示しました。まず、政府・地方自治体等が発行する「公共債」と企業などが発行する「民間債」に分けられます。さらに、発行体の種類によって、公共債は「国債」「地方債」「政府関係機関債」に分類されます。政府関係機関債は、政府保証の有無で分けられることもあります。

「民間債」は大きく「社債」と「金融債」に分けましたが、企業が発行する債券には、一般的な社債（普通社債）のほかに、債券の裏付けとしてローンなどの担保資産がある債券（資産担保証券）や、株式としての性質を併せ持つ債券（転換社債型新株予約権付社債）など、多くの種類があります。

図表3-3 債券の種類（償還期間による分類）

短期債	１年以下
中期債	１年超〜５年以下
長期債	５年超〜10年以下
超長期債	10年超

図表3-4 債券の種類（利息の支払われ方による分類）

確定利付債	発行時に利息や額面金額が確定している債券
割引債	利息が支払われない代わりに額面以下で発行される債券
変動利付債	利息がその時々の市場金利に連動する債券
物価連動債	額面金額が物価の上下に連動して変化する債券 →額面金額に応じて利息も変化する。

（注）上の表のほかに、発行者による任意償還条項、つまり満期前に発行者の都合で自由に償還することができる債券などもある。

図表3-5 債券の種類（発行体による分類）

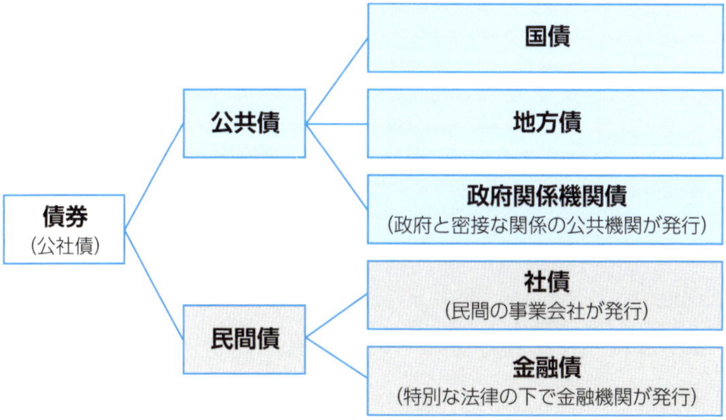

（注）上記は国内で発行される国内債。このほか、非居住者が発行したり、海外で発行される外国債もある。

発行市場と流通市場

債券市場は、「発行市場」と「流通市場」に分かれています。

「発行市場」は「プライマリー市場」とも呼ばれ、政府や企業が資金調達をするために、投資家を募集して新たに債券を売り出す市場です。そこで発行された債券を、「新発債」といいます。図表3-6にあるように、発行市場では、政府や企業などが債券を発行するのを証券会社や銀行などが手助けします。

新たに発行された債券を、償還まで一人の投資家がそのまま持ち続けるとは限りません。途中で売ることも考えられます。そのような、発行市場ですでに発行された債券(既発債)を売買する市場が「流通市場」です。流通市場は「セカンダリー市場」とも呼ばれます。

流通市場には、さらに二通りの取引があります。「取引所取引」と「店頭取引」です(図表3-7参照)。

「取引所取引」は、上場されている銘柄について、投資家からの売買注文を取引所に集中して取引を成立させようというものです。

一方、「店頭取引」は、投資家が証券会社などの債券ディーラーと1対1で交渉して価格・数量・受け渡し方法などの条件を決め、取引を成立させます。「相対(あいたい)取引」ともいいます。

債券の売買はそのほとんどが店頭取引で占められています。債券には数万以上の銘柄があるうえに、個々の取引ごとに条件が異なってきます。また、複数銘柄を組み合わせた売買など、複雑な取引も多くみられます。そのため、取引所に集中しても、取引の細かいニーズに応える売買の相手方が現れるのは難しく、かえって非効率になります。

図表3-6 発行市場

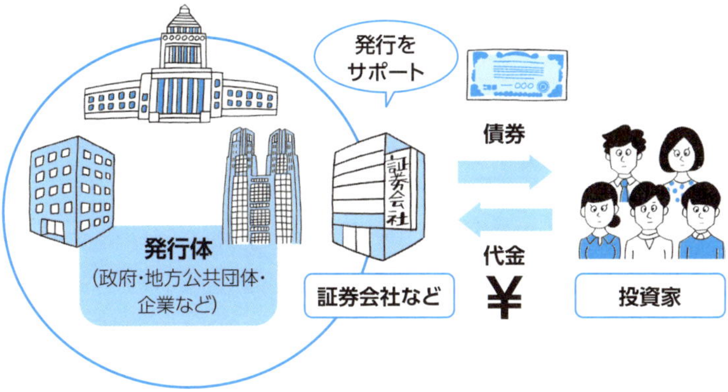
発行を
サポート
債券
代金
¥
発行体
(政府・地方公共団体・
企業など)
証券会社など
投資家

図表3-7 流通市場

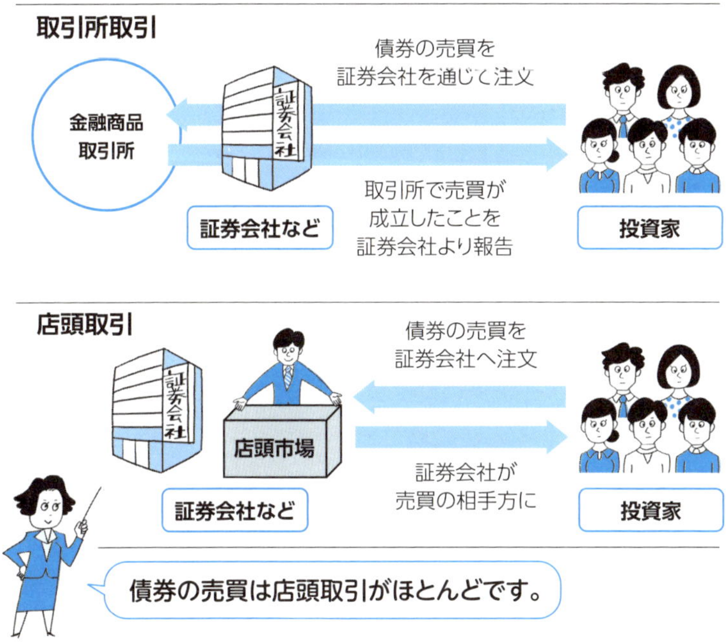
取引所取引
債券の売買を
証券会社を通じて注文
金融商品
取引所
取引所で売買が
成立したことを
証券会社より報告
証券会社など
投資家
店頭取引
債券の売買を
証券会社へ注文
店頭市場
証券会社が
売買の相手方に
証券会社など
投資家
債券の売買は店頭取引がほとんどです。

債券の価格はこうして決まる

76ページで、「額面金額」は償還時にその債券を保有している人が受け取る金額と説明しましたが、同時にそれは発行時に定められる購入単位でもあります。そのため、債券の種類によって額面金額は異なります。例えば日本の個人向け国債は1万円単位ですが、新窓販国債（⇒用語解説）は5万円単位となっています。

しかし、いろいろな債券を比較する場合には、金額をそろえるほうが便利です。そこで、日本では債券の単価を額面100円として基準をそろえて表示されます。例えば、額面金額が5万円の債券は、額面単価100円を500単位分まとめたものと計算できます。

額面金額50,000円 ＝ 額面単価100円 × 500単位

発行市場や流通市場で取引される債券の価格は、額面100円当たり何円になるか、で表されます。

例えば、発行市場で新たに債券を売り出すときに、その債券を買いたいというニーズが強い場合は額面100円よりも高い101円となる場合もありますし、逆に100円よりも低い99円で売り出される場合もあります。

流通市場でも、投資家の売り買いのニーズによって債券の価格は変動します。債券の売り手が多ければ債券価格が下落し、買い手が多ければ債券価格は上昇します。この債券価格は額面100円当たり「何円」と表されます。

この市場で変動する債券価格は、後述の「2 債券利回りと長期金利」で利回りの計算をするときに重要なポイントとなります。

図表3-8 市場で取引されて変動する債券価格のイメージ図

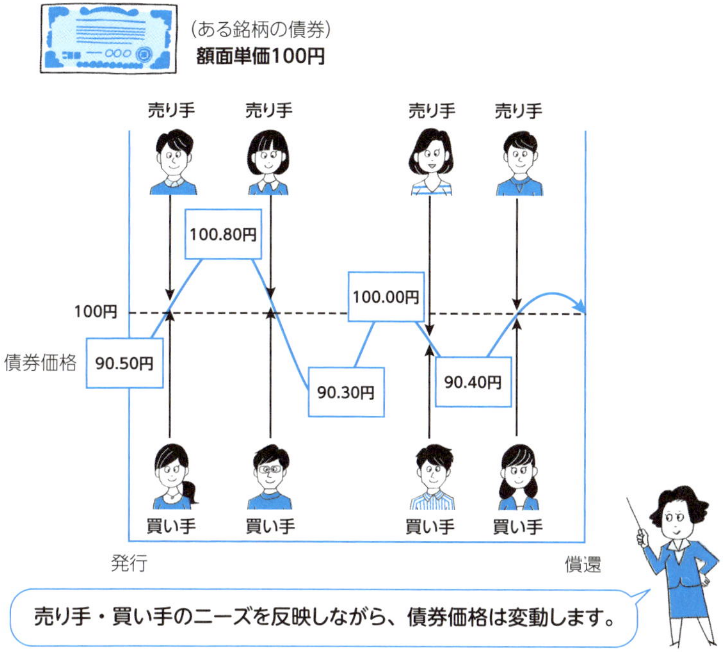

用語解説 個人向け国債

日本政府が発行する国債で、購入できるのは個人投資家のみです。政府が買い取る形で、中途換金ができます。半年ごとに利率の変わる「変動10年」、利率が満期まで変わらない「固定５年」、「固定３年」の３種類があります。

用語解説 新窓販国債

日本政府が発行する国債で、個人だけでなく法人なども購入でき、いつでも市場で売却できます。利率が満期まで変わらない固定金利のみで、２年·５年·10年の３種類があります。

債券の価格はどこでわかるのか

市場で取引される債券の価格は、何を見たらわかるでしょうか？

例えば、株式の価格を知りたい場合は、証券取引所で売買が成立した価格が新聞やインターネットなどに掲載されています。しかし、店頭取引で債券ディーラーと1対1で取り決めた債券の取引価格は日本では公表されません。このため、債券を身近に感じにくいのかもしれません。

これに対し、取引所に上場されている債券は、銘柄数は少ないものの、代表的な銘柄であり、また受け渡し方法などの条件が画一的であるため、相場実勢を知るための参考になるでしょう。

また、店頭取引の円滑化・公正化および投資家保護を目的として、日本証券業協会が「公社債店頭売買参考統計値」を公表しています。約9,000銘柄について、指定された協会員（証券会社等）が毎営業日15時時点の気配（売りたい値段と買いたい値段の仲値）（⇒用語解説）を報告し、これらに基づいて参考統計値が算出されます。ただし、実際に取引が成立した価格ではなく、あくまでも参考値であることに注意しなくてはなりません。

債券が取引されるのは、投資家と債券ディーラーの間だけではありません。債券ディーラーは、投資家のさまざまなニーズに応えるために債券を在庫として抱えています。投資家のニーズに合わせて在庫の品揃えを変えるために、債券ディーラー同士で売買を行っています。このようなディーラー間の取引は「業者間取引」とも呼ばれ、それを仲介する専門の証券会社を「ブローカーズ・ブローカー（BB）」といいます。

日本のブローカーズ・ブローカーの代表格が、日本相互証券です。日本相互証券も、同社が選定した価格提供会社から集めたデータを基に、15時時点の国債の価格を算出して公表しています。集めるデータは、「各価格提供会社が市場実勢と考える価格」ですので、これも参考値にとどまります。

図表3-9 債券の価格はここでわかる

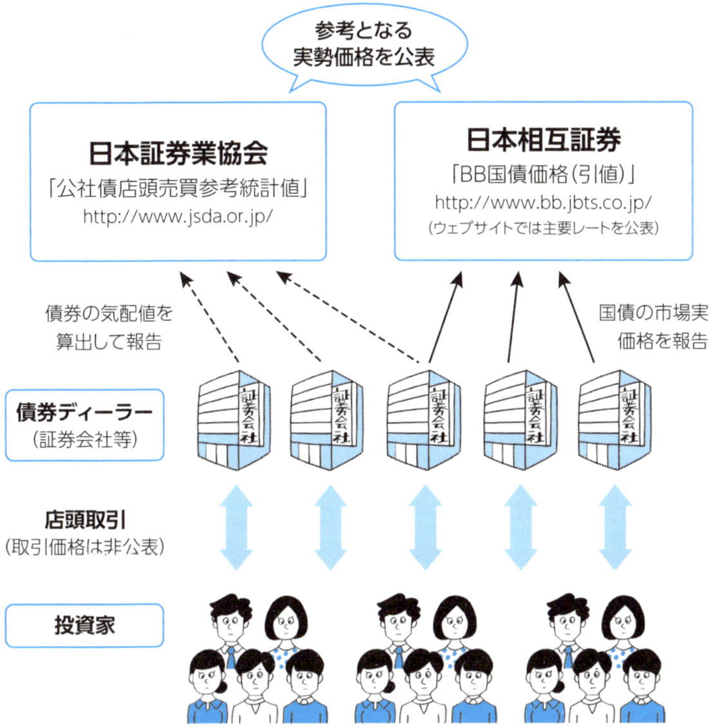

用語解説 気配

市場で価格水準や売り買いのニーズの状況のことを「気配《けはい》」といいます。売り手や買い手が提示した価格が「気配値」です。売りたい値段の最低値を「売り気配」、買いたい値段の最高値を「買い気配」といいます。
実際に売買が成立した場合の価格は「出来値」です。

国債の発行のしくみ

ここで、非常に簡略化したものではありますが、日本の国債の発行のしくみをみておきましょう。

国債を発行する方式にはいくつかありますが、大半の国債は「市中発行方式」で発行されます（83ページの個人向け国債・新窓販国債は市中発行方式ではありません）。財務省は、図表3-10にあるように、発行条件を提示して、「市中」つまり広く市場で購入者を募ります。広く募るといっても、国債の入札参加者には銀行や証券会社などの金融機関が定められており、一般の個人投資家が入札に参加することはできません。

入札参加者は、落札を希望する価格（単価）と金額（総額）を入札します。その結果、落札希望価格の高い順に、発行予定額までの金額が落札されます。新たに発行された国債を落札することのできた入札参加者は、流通市場で投資家や債券ディーラーに売却することができます。こうして、発行された国債は、流通市場で取引されるようになります。

まとめ

- **「債券」とは、国や企業が投資家から借入を行った証拠として発行する「借用証書」である。**
- **債券市場は、政府や企業が資金調達をするために新たに債券を売り出す「発行市場」と、既発債を売買する「流通市場」に分かれている。**
- **日本の債券流通市場ではほとんどの取引価格が公開されていないが、実勢価格の参考値は公表されている。**

図表3-10 国債の入札のしくみ

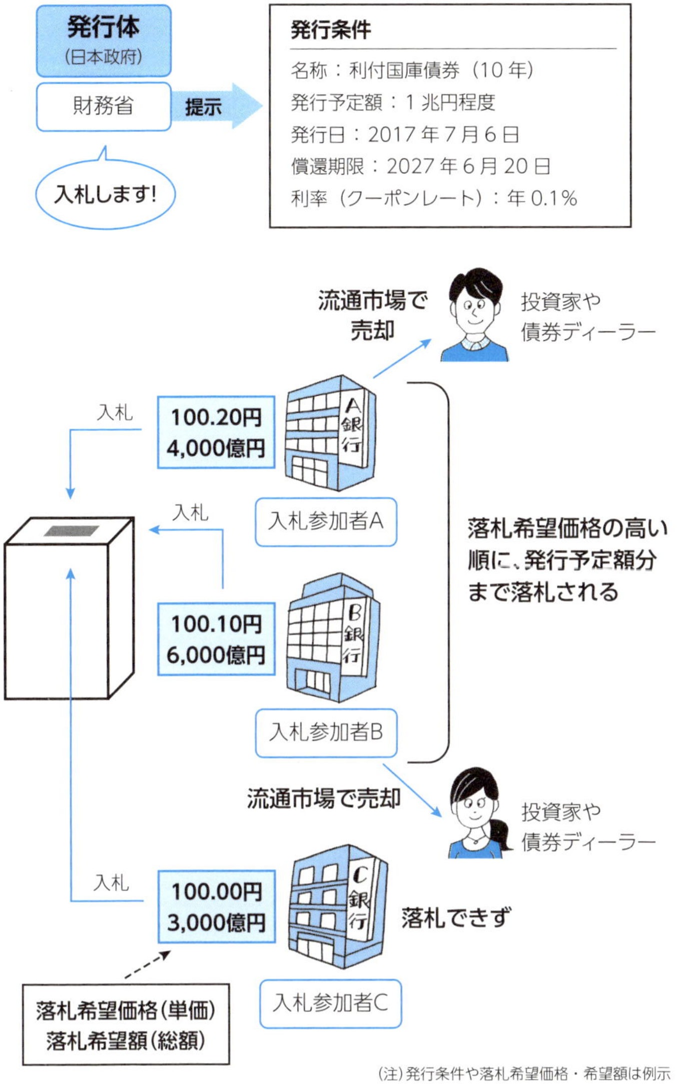

(注)発行条件や落札希望価格・希望額は例示

2 債券利回りと長期金利

債券の収益はどこからくるか

第2章でも長期金利に少し触れましたが、一般的に10年物の国債利回りが代表的な長期金利とされています。例えば、市場で取引される日本の10年物の国債利回りが大幅に上昇すると、テレビや新聞の報道で「日本の長期金利が大幅に上昇した」と伝えられます。したがって、長期金利を理解するためには、まず、債券の利回りについてしっかりと理解しておく必要があります。

ところで、「利回り」とは何だったでしょうか？　第2章を思い出してみましょう。利回りは「運用期間全体にわたって発生する利息およびすべての収益の元本に対する割合を年平均したもの」と説明しました（34ページ参照）。

債券で資金を運用したときのすべての収益は、図表3-11に示したように3種類あります。しかし、この本ではわかりやすさを優先し、「単利」の考え方で利回りを説明していきますので、「③受取利息の再投資から発生する収益」は利回り計算に算入しないこととします。したがって、債券の収益は、①利息（インカム・ゲイン）と②債券価格の値上がり益（キャピタル・ゲイン）と考えてください。

図表3-12は、確定利付債を購入した後、時間の経過にしたがって収益が発生するパターンを図示したものです。利息は利率に基づいて一定期間ごとに発生し、値上がり益は購入時と償還時の価格差から発生する様子がわかります。

図表3-11 債券の収益

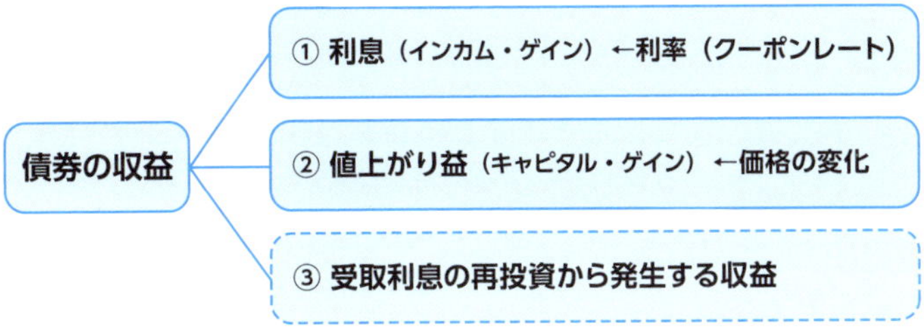

図表3-12 確定利付債の収益発生のパターン

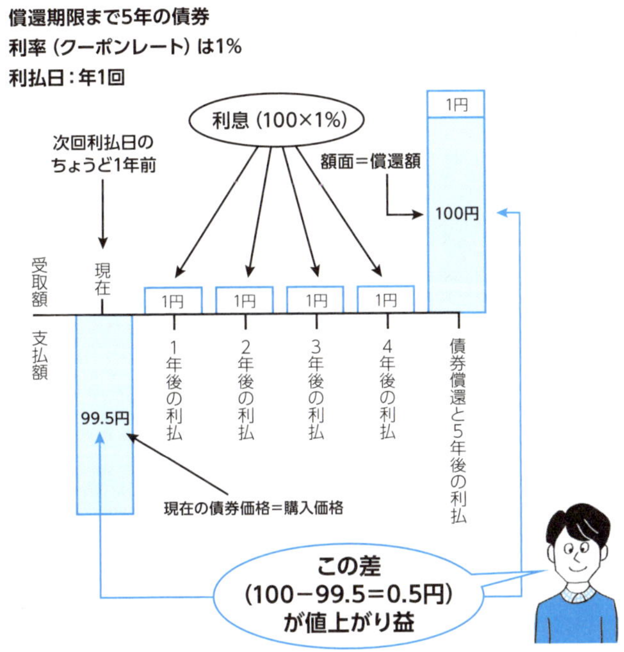

（注）ここでは、経過利息を考慮しないで済むように、前提条件を設定。

債券の利回りはこうやって計算しよう

前ページで説明した通り、債券の収益は利息（インカム・ゲイン）と値上がり益（キャピタル・ゲイン）です。利回りは、これら収益の元本に対する割合の年平均ですので、まず、1年当たりの債券収益を計算します。

利息は年1回払い・2回払いなど、定期的に発生します。しかし、1年当たりの利息は、利率（クーポンレート）に額面価格100円を掛け合わせると簡単に計算できます。

一方、値上がり益は運用期間全体にわたって徐々に発生すると考えますので、値上がり益を債券購入時から償還までの期間（年単位）で割ると、1年当たりの値上がり益が計算できます。

なお、債券購入時から償還までの期間を「残存期間」といいます。

1年当たりの債券収益は以下の式で計算できます。

$$\textbf{1年当たり債券収益} = \textbf{年当たり利息} + \frac{\textbf{額面価格} - \textbf{購入価格}}{\textbf{残存期間（年）}}$$

次に1年当たり債券収益の元本に対する割合を計算します。債券の場合は購入価格に対する割合で計算します。額面価格ではないことに注意しましょう。

$$\textbf{債券利回り（\%）} = \frac{\textbf{年当たり利息} + \dfrac{\textbf{額面価格} - \textbf{購入価格}}{\textbf{残存期間（年）}}}{\textbf{購入価格}} \times 100$$

利回りはパーセントで表示するので、最後に100を掛けます。

このようにして計算される利回りを「最終利回り」といいます。

この本では、債券価格と利回りの関係を理解することに主眼をおいているため、ここでは経過利息に触れていませんが、実務上は、利払日と利払日の途中で債券を購入する場合、経過利息を考慮する必要があります（116ページ参照）。

図表3-13 確定利付債の利回り計算例

償還期限まで5年の債券
利率（クーポンレート）は1%
利払日：年1回

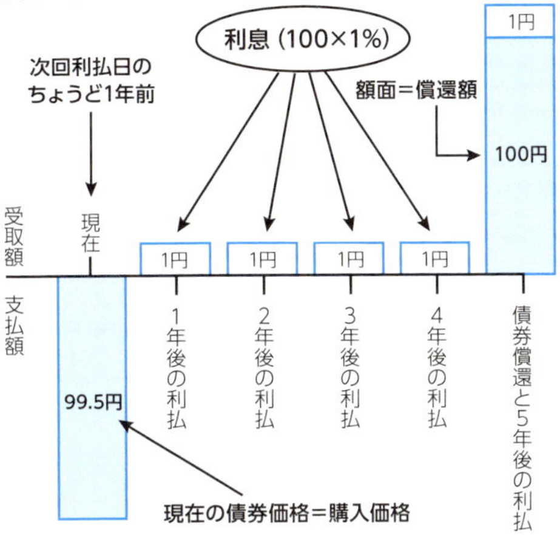

利回り計算に必要な数字

- **年当たり利息：1円**
- **額面価格：100円**
- **購入価格：99.5円**
- **残存期間：5年**

この債券の利回り

$$\frac{1円+\dfrac{100円-99.5円}{5年}}{99.5円}\times 100=1.1055\cdots\%$$

この債券を現時点で購入し、償還まで保有する場合の
利回りは、約1.1055%となります。

債券の価格と利回りの関係

もう一度、債券利回りの計算式を確認してみましょう。

債券の利回りは、現在の債券価格から、以下の式で計算することができます。

$$\text{債券利回り（\%）} = \frac{\text{年当たり利息} + \dfrac{\text{額面価格} - \text{債券価格}}{\text{残存期間（年）}}}{\text{債券価格}} \times 100$$

なお、前ページでは現時点で債券購入することを前提にして説明しましたので、「債券価格」の部分を「購入価格」としていましたが、ここでは現在市場で取引されている時価が「債券価格」です。

債券が発行されるときに、年当たり利息と額面価格は決まっています。また、償還期限も決まっているため、残存期間は価格や利回りの変動から影響を受けません。

したがって、式の左辺と右辺が常に等しくなるためには、図表3-14にあるように、債券価格が上昇しているときには利回りは低下し、逆に、債券価格が下落しているときは利回りが上昇するという関係がみえてきます。

債券価格と利回りの関係をわかりやすく示したのが図表3-15です。この図は、前ページの利回り計算例を用いて作成しました。利回りが上昇すると債券価格が下落、逆に利回りが低下すると債券価格が上昇するという、利回りと債券価格の逆相関の関係がわかります。

債券の価格と利回りは、どちらが先に決まるというものではなく、コインの表と裏のように、セットで決まるもので、表示の仕方が異なるだけです。同じ債券を、価格でみるか、利回りでみるか、という違いです。

図表3-14 債券価格と利回りの関係

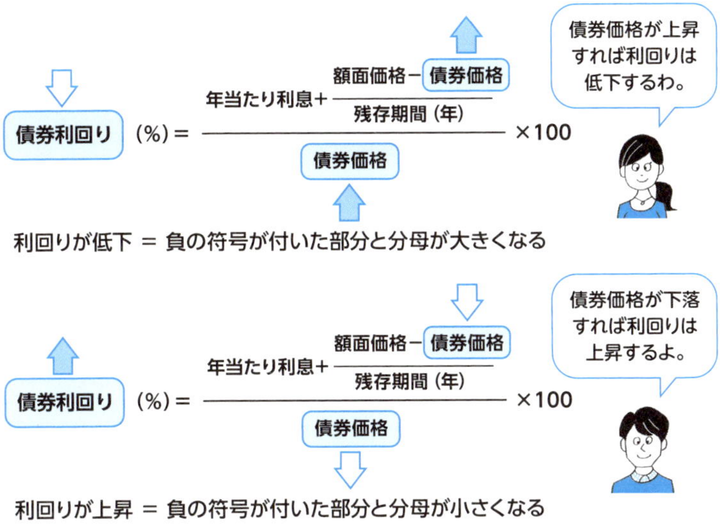

図表3-15 債券価格と利回りの変化の例

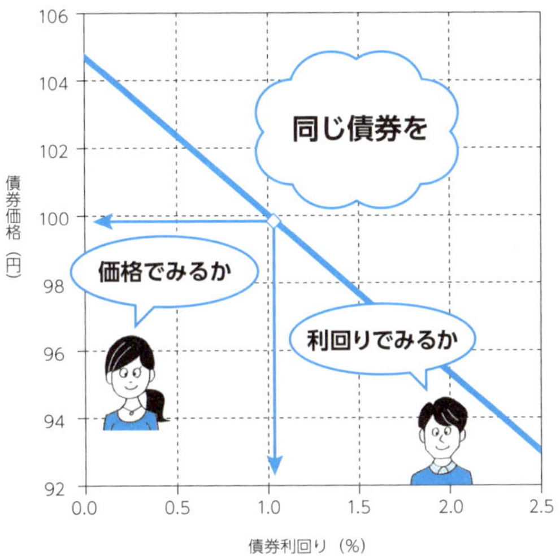

日本の長期金利の指標 ～新発10年国債利回り

長期金利の代表的指標とされているのは、10年物の国債利回りですが、10年物国債と一口にいっても多くの銘柄があり、発行条件が異なっています。日本の長期金利の指標とされるのは、「新発10年国債利回り」です。新発10年国債とは、直近に発行された国債のことです。その名の通り「新しく発行された」10年国債です。この新発10年国債が流通市場で取引される際の利回りが、日本の長期金利の指標とされます。

ところで、債券は株式とは異なり、時間が経過するにつれて残存期間が短くなっていきます。例えば、現在、残存期間10年の債券でも1年経過すると残存期間が9年になってしまいます。そうすると、たとえ同一の債券であっても1年前と同じ性質を持っているとはいえなくなります。

このようなことを避け、「10年債」としての性質を維持するために、長期金利として参照される10年国債は、新しく発行されるたびに、最新の銘柄に入れ替えられています。図表3-16にある通り、仮に現在の新発10年国債が「347回債」とすると、次に新しい10年国債が発行されると「348回債」へ、その次は「349回債」へと変わっていきます（⇒用語解説）。

用語解説　回号

債券は同じ発行体が何度も発行を繰り返す場合があります。発行条件が異なる債券を銘柄ごとに区別するため、「回号」という番号を付します。
例えば、2017年7月時点の新発10年国債は「10年利付国債（第347回）」ですが、第347回という回号が付されています。

図表3-16 新発10年国債は入れ替わっていく ～銘柄変更

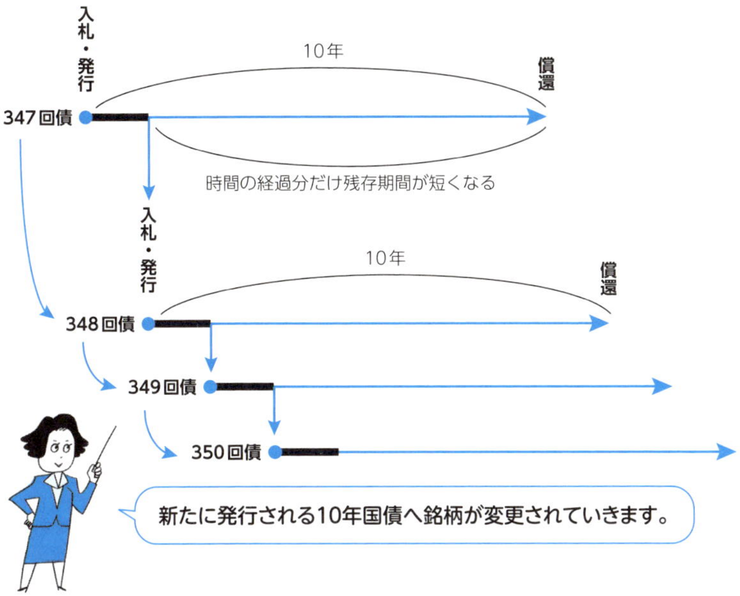

まとめ

- 債券利回り（%）＝ $\dfrac{\text{年当たり利息}+\dfrac{\text{額面価格}-\text{債券価格}}{\text{残存期間（年）}}}{\text{債券価格}}\times 100$
- 利回りが上昇すると債券価格が下落、逆に利回りが低下すると債券価格が上昇する。⇒債券利回りと債券価格は逆相関の関係。
- 日本の長期金利の指標は新発 10 年国債利回り。

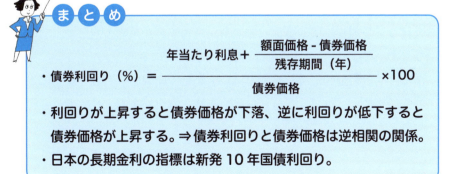

3 長期金利の変動要因

金利の決まり方

長期金利の変動を理解するための基礎として、第2章で述べた、景気・物価・金融政策と金利の関係をおさらいしておきましょう。

金利は「資金を借りたい」という需要と「貸したい」という供給とのバランスから決まります。図表3-17にあるように、景気が活発なときや、物価上昇率が高いときは、資金を借りたいニーズが高まり、貸したいニーズは低下するため、金利は上昇します。逆に景気が悪いときや、物価上昇率が低いときは、資金を借りたいニーズが低下し、貸したいニーズが高まるため、金利は低下します。

中央銀行は、景気過熱や物価高騰を抑制したいとき、政策金利を引き上げ（金融引き締め）、逆に、景気を上向け物価を押し上げたいときは、政策金利を引き下げます（金融緩和）。そのため、金利は中央銀行の金融政策の影響を受けます。

中央銀行が設定する政策金利は、市場で取引される翌日物金利に強く影響します。この翌日物金利を出発点とし、1か月分や3か月分の翌日物金利の「予想」が積み重なって、1か月物や3か月物の期日物金利になります。

また、期日物金利には、資金の貸し手がその期間中は資金を自由に使えなくなることへの「見返り」も反映され、翌日物金利よりも高い金利となることが一般的です。

図表3-17 景気・物価・金融政策と金利の関係

景気	**好景気時** 経済活動が活発化し、企業や家計の借り入れが増加	**不況時** 経済活動が低迷し、企業や家計の借り入れが減少
物価	**物価上昇率加速** モノの価格が上がる前に購入しようとして借り入れが増加、また、実質金利低下で預金等の金融商品での資金運用が減少	**物価上昇率減速・物価下落** モノの値上がり懸念がないので購入を急がず借り入れが減少、また、実質金利上昇で預金等の金融商品での運用が増加
中央銀行の金融政策	**金融引き締め** **(政策金利引き上げ)** 景気過熱を抑えたり、物価高騰を抑制したいときに実施	**金融緩和** **(政策金利引き下げ)** 景気を上向けたり、物価を押し上げたいときに実施
	⇩	⇩
	金利上昇	**金利低下**

(注)必ずしも「好景気－物価上昇率加速－金融引き締め」もしくは「不況－物価上昇率減速・物価下落－金融緩和」の組み合わせが同時に実現するわけではありません。

長期金利はこうして決まる

ここからは、長期金利に焦点を絞りましょう。なお、ここでいう長期金利は、特筆しない限り、10年国債利回りを指します。

長期金利も、図表3-17に整理したように、景気・物価といったファンダメンタルズの影響を受けますし、金融政策とも無縁ではありません。しかし、短期金利とは決まり方が異なることに注意が必要です。

10年物金利などの長期金利についても、翌日物金利を出発点として、10年分の翌日物金利の「予想」が積み重なって10年物金利になると考えてみましょう。

短期金利は予想の期間が短いために出発点に近く、現在の金融政策の影響を強く受けます。しかし、5年・10年・20年と、予想の期間が長くなると、景気・物価の状況が変わり、金融政策も変化するでしょう。長期間の翌日物金利予想には、短期と比べて不確かさが増します。そのため、その不確かさを市場参加者の「予想や期待」が補うことで、長期金利が形成されます。

したがって、短期金利は中央銀行が現在設定している政策金利の影響を強く受けますが、「予想」の影響度が小さくなり、長期金利は現在の政策金利から受ける影響は低下し、「予想」の影響度が大きくなります（図表3-18参照）。

なお、資金の貸し手が長期間にわたって資金を自由に使えなくなることへの「見返り」が、長期金利のほうが短期金利よりも大きく反映されるため、金利の決定要因として考慮する必要があります。ただし、「予想」と「見返り」の部分を明確に分離することはできませんので、長期金利の決定要因の一つとして理解しておけば十分でしょう。

図表3-18 日本の代表的な金利と金利決定要因のイメージ

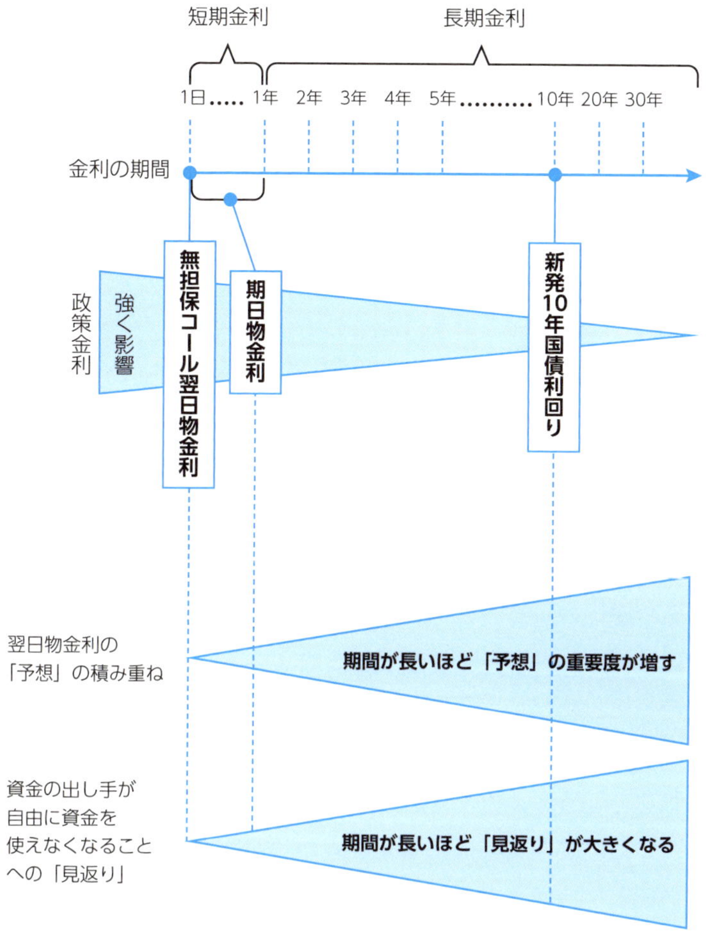

金利と期間のしくみ

金利とその期間との関係を、「イールドカーブ（利回り曲線）」というグラフで、視覚的に捉えてみましょう（図表3-19参照）。イールドカーブを描くことで、その時点の各期間の金利が、短期から長期へ向かってどのように変化しているのかが、一目でわかります。

まず、グラフの縦軸を債券の利回り（金利）、横軸を残存期間とします。次に、各期間の債券利回りの点をグラフ上に描きます。最後に、その点をつなぐ線を描きます。この線が緩やかな曲線（カーブ）を描くことから、イールドカーブと呼ばれます。なお、イールドカーブを描く際の利回りは、同種の債券にする必要があります。一つのイールドカーブに、信用力の異なる国債と社債を混ぜたり、通貨の異なる債券を混ぜてはいけません。

イールドカーブの形状はさまざまに変化します。前ページで触れたように、その変化のしくみには主に2つの考え方があります。

一つは、イールドカーブは左下から右上へ上昇する場合が多いことから、資金の出し手が長期間にわたって資金を債券に固定し自由に使えなくなる見返りとして、長期の債券ほど高い利回り（流動性プレミアム）が要求されるという考え方です。

もう一つは、長期金利は市場参加者の短期金利予想の積み重ねが反映されているという考え方です。例えば、まれなケースですが、急速な金利低下が予想される場合に、イールドカーブが右下へ低下することがあります。これは、予想が反映されていることをよく表しています。

現実のイールドカーブのすべてをこの2つの考え方だけでは説明できません。しかし、金利と期間のしくみの基本は、この2つの考え方で整理できます。このような、金利とその期間の関係を専門用語で「金利の期間構造」といいます。

図表3-19 イールドカーブの例

米国債利回り＜カーブが右上へ上昇する例＞
(2017年7月18日時点)

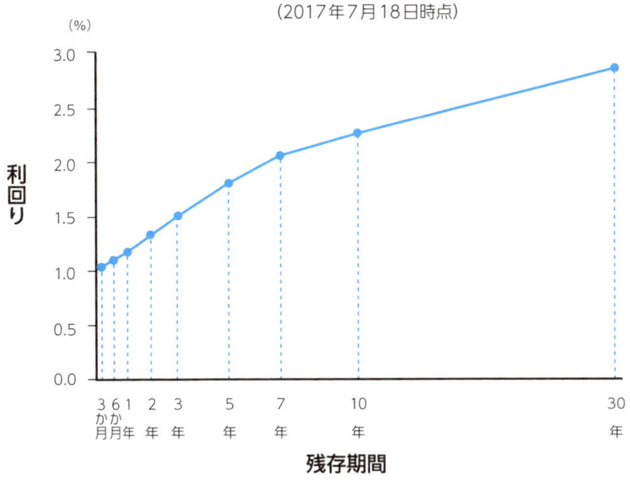

米国債利回り＜カーブが右下へ低下する例＞
(2006年12月1日時点)

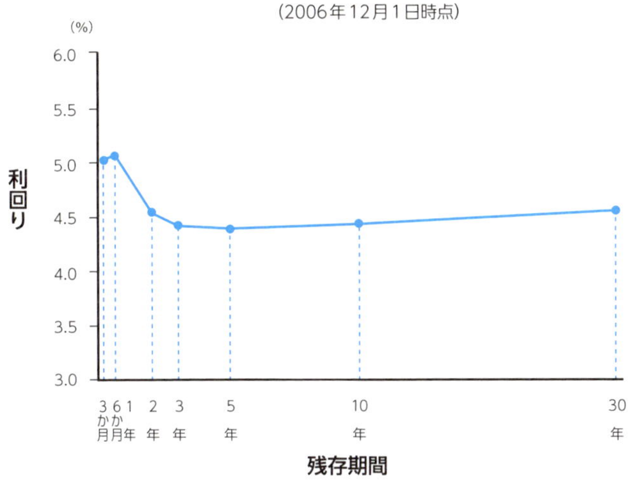

(出所：Bloomberg)

私たちの予想や期待が長期金利を動かす

ここまで、長期金利の決まり方や金利と期間の関係をみてきました。長期金利は多くの要因により決まりますが、決定要因として特に重要なのは、市場参加者の経済成長や物価に対する「予想・期待」です。

企業が長期資金を調達するのは、設備投資や他の企業を買収するなど、長期的な事業に投資するためです。当然のことながら、その事業への投資から得られる収益が借り入れコストを上回ると考えるので、企業は長期資金を借り入れます。

長期的に高い成長が期待できる国ならば、魅力的な投資機会が多く存在しますので、企業の資金調達ニーズが高まりやすく、長期金利に上昇圧力がかかることになります。逆に、あまり高い成長が期待できない国では、魅力的な投資機会は限定されるため、企業の資金調達ニーズは高まらないでしょう。

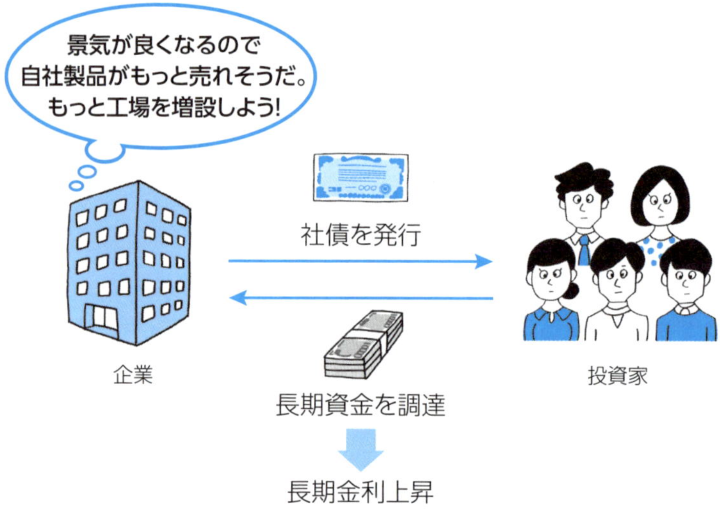

投資家が債券を購入（長期資金を運用）するのは、投資家が予想する将来の物価上昇率よりも債券の利回りのほうが高いため、今お金を消費してモノを買うよりも債券で運用するほうが有利になるからです（39ページの図表2-3参照）。低い物価上昇率を予想する投資家が多いと、資金運用ニーズが高まり、長期金利は低下します。逆に、物価上昇率が債券利回りよりも高くなると予想する投資家が多いと、資金運用ニーズが後退し、長期金利は上昇します。

このように、長期資金の調達者と運用者が将来の経済成長（景気）や物価上昇率を予想あるいは期待して行動することが、長期金利に大きく影響します。

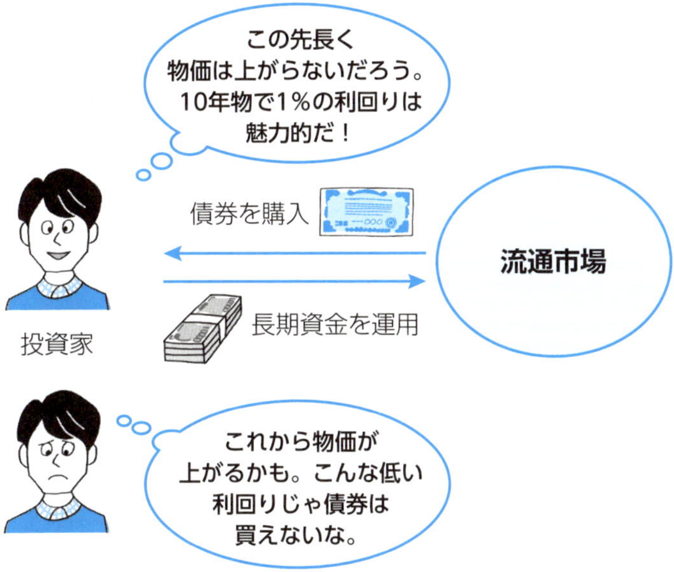

景気・物価が示す長期金利水準

第1章で、長めの時間軸でみる場合、金融市場はファンダメンタルズ（経済の基礎的な要因）の影響を強く反映することを説明しました（22ページ参照）。では、実際に長期金利はファンダメンタルズをどのように反映しているのでしょうか。

長期金利は市場参加者の景気・物価に対する予想や期待の影響を強く受けるため、実際のデータでこれらの動きを確認してみましょう。

図表3-20は、日本と米国の1980～2010年について、長期金利とGDP成長率の推移を示したものです。GDP成長率は、傾向的な動きがわかるように5年移動平均で推移が滑らかになるようにしています。また、経済成長率である実質ベースと、物価変動を含んだ名目ベースの2種類を表示しています。名目GDP成長率は、経済成長率（景気）と物価上昇率を合計したものと捉えることができます。

グラフをみると、日米両国とも、長期金利は名目GDP成長率と似たような動き方をしていることがわかります。つまり、ファンダメンタルズに見合う長期金利の水準は、経済成長率と物価上昇率の合計に近いところにあると考えてよいでしょう。

用語解説　GDP

GDP（国内総生産、Gross Domestic Product）は、ある国で一定期間に生み出された財・サービスの付加価値の総額を指します。平たくいえば、国内での「稼ぎ」の総額です。
名目GDPは実際の取引価格に基づいていますが、実質GDPは物価の変動分を取り除いています。そのため、経済成長率という場合は、物価変動を含まない実質GDP成長率をみることが多いです。

図表3-20 長期金利と名目GDP成長率は似た動きをする

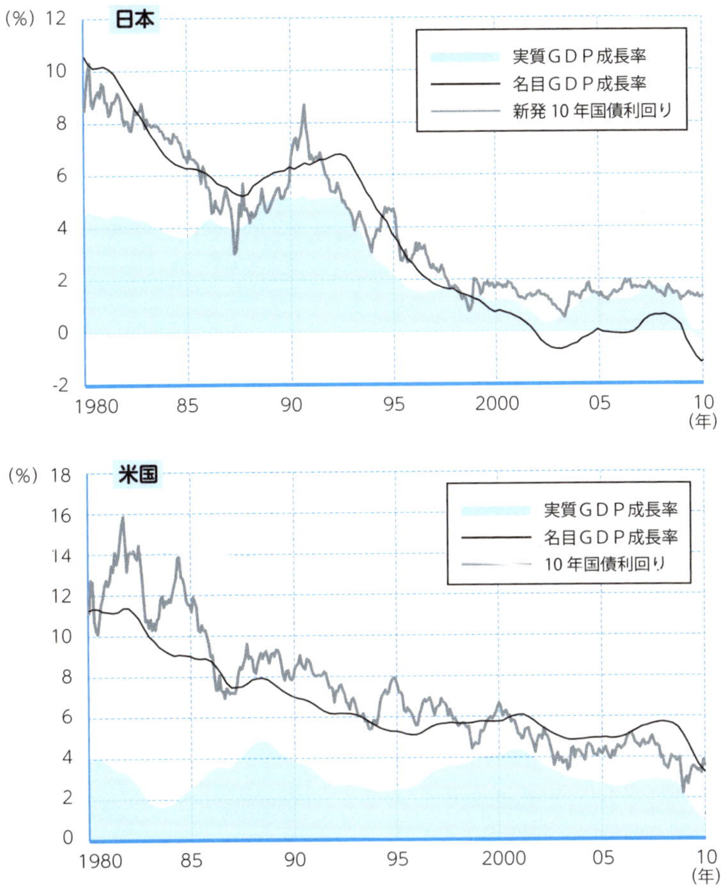

(注 1) 新発 10 年国債利回りは 99 年 3 月まで国債指標銘柄
(注 2) GDP 成長率は、前年同期比の 5 年移動平均
(出所 : Bloomberg、Datastream)

用語解説 移動平均

一連のデータについて、一定間隔（図表3-20では５年間隔）で平均値を計算し、１データずつ対象期間を移動させながら一連の平均値を計算するものです。データの傾向的な変化を読み取ることができます。

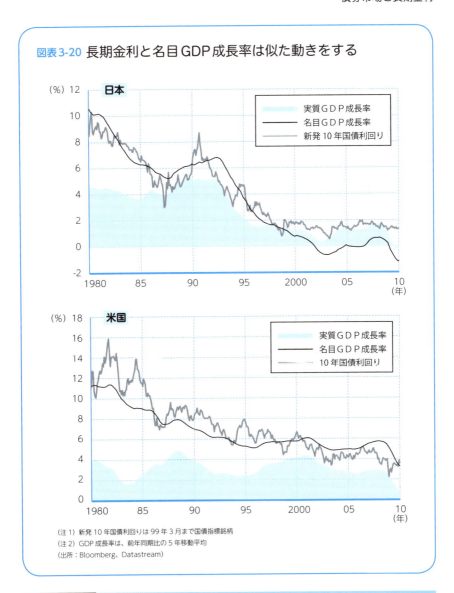

長期金利の変動要因

もちろん、長期金利と名目GDP成長率がぴったり同じように動くわけではありません。長期金利は景気・物価以外のさまざまな要因の影響を受けます。主な変動要因を、図表3-21にまとめました。

経済環境によっては、図表3-21のような動きをしない場合がありますし、同時にすべての項目が金利上昇方向のみ（あるいは金利低下方向のみ）を示すわけではありません。また、市場参加者が何に注目しているかという観点も重要です。

個々の変動要因についてみていきますが、長期金利と、①景気動向、②物価動向、③金融政策の関係については、すでに説明した通りです。④為替と⑤海外金利は、次項で説明します。

さて、⑥債券需給ですが、これまで市場価格は需要と供給で決まると説明してきましたので、債券需給が変動要因というのはあまりにも当然のことです。ここでは少し狭い意味で需給を捉え、ファンダメンタルズを背景とした市場参加者の売り・買いの動機を切り離して考えましょう。

例えば、1998年11月から1999年2月にかけての日本の金利急上昇（債券価格の急落）は、大蔵省資金運用部（当時）がそれまで続けていた国債買い入れを停止すると発表したことで引き起こされました（図表3-22参照）。安定的な国債の買い手であった資金運用部が買い入れを止めると、国債の需要と供給のバランスが崩れてしまいます。これを懸念して売りが売りを呼ぶ展開となったのです。

このように、債券需給は市場で突き合わされる債券売りと債券買いのバランスであり、市場参加者の心理的複合体、すなわち市場センチメントを反映したものです。そのため、リクツで考えるファンダメンタルズ分析ではなく、リクツに合わない市場参加者の気持ちまで対象とするテクニカル分析の領域といえるでしょう（16ページ参照）。

図表3-21 長期金利の主な変動要因

	金利上昇	金利低下
①景気動向	景気拡大	景気縮小
②物価動向	物価上昇	物価下落
③金融政策	金融引き締め	金融緩和
④為替動向	円安	円高
⑤海外金利	上昇	低下
⑥債券需給	供給増加・需要減少	供給減少・需要増加

図表3-22 国債買い入れ停止の告知だけで金利が急上昇

(注) 10年国債利回りは国債指標銘柄
(出所：Bloomberg)

為替や海外金利も長期金利に影響する

最近では、個人投資家にも海外の金融資産への投資が身近になっているように、国境を越えた資金の動きが活発です。日本の投資家が海外の債券を購入する一方で、海外の投資家も日本の債券を購入します。このように国際間の取引が活発になると、為替レートや海外金利が日本の長期金利にも影響を及ぼします。

まず、為替レートが日本の長期金利に及ぼす影響を考えてみましょう。

円安になると、日本が海外から輸入している商品の価格が値上がりします。なぜなら、例えば1ドルで輸入している商品は、円安が進むと100円から110円へと円建ての価格が上昇するからです。それが国内の他の物価へも波及すると、金利上昇へとつながります。

また、円安になると、海外投資家が日本の債券を外貨に換算するときに価値が目減りします。円安は海外投資家の債券売りを促し、金利上昇圧力となります。

円高はこの逆の動きとなります。

次に、海外金利が日本の長期金利に及ぼす影響を考えてみましょう。

米国金利を例にします。米国金利が上昇し日本の金利よりも魅力的になると、日本の投資家が米国の債券を買います。すると、日本の債券の買い手が減少し、金利上昇につながります。また、米国債券を購入するために円を売ってドルを買うので、円安となり、さきほどの為替レートの影響の経路をたどって、金利上昇へとつながります。

米国金利の低下の場合は、この逆の動きとなります。

図表3-23 為替レートが長期金利に及ぼす影響

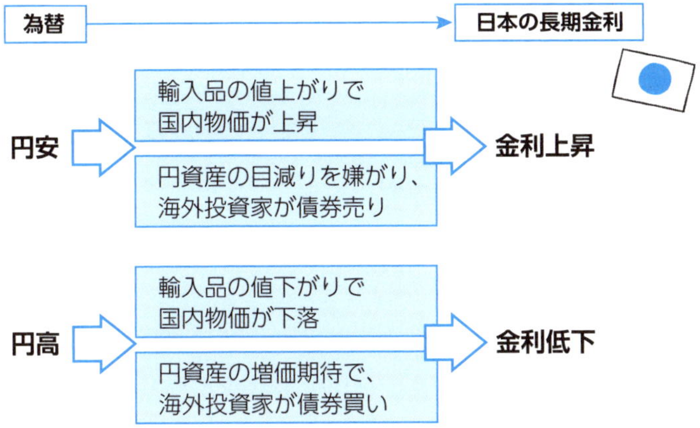

図表3-24 米国金利が日本の長期金利に及ぼす影響

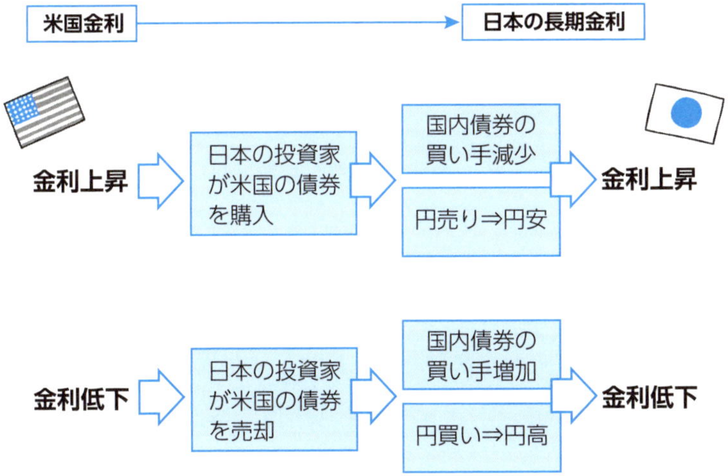

国債大量発行でも利回りが上昇しないワケ

日本では国債大量発行が続き、政府債務が膨らんでいることから、国債暴落を心配する声が聞かれることがあります。しかし、現実は、国債利回りは非常に低い水準で推移しています。なぜでしょうか。

まず、実体経済・金融経済の全体像のなかで、政府部門がどのように機能しているのか確認しておきましょう。

第1章で、政府部門は財政・行政サービスを通じて所得再分配・資源配分・経済安定化などの機能を担っていると説明しました。とりわけ、金融市場との関係では、経済安定化の機能が注目されます。

政府部門は、景気が悪化したときに、公共投資などの財政出動により雇用を増やし家計の消費を支援することで、経済の安定化を図ります。財政出動のための資金は、税収で足りなければ借金でまかないます。つまり、国債を発行して資金を調達します。したがって、市場のしくみで考えれば、資金調達が増えると、国債価格に下落圧力（国債利回りに上昇圧力）がかかるはずです。

しかし、図表3-25に示したように、日本では、国債発行額が大幅に増えているにも関わらず、国債利回り（長期金利）は低下傾向となっています。

この謎を解くには、国債を発行する側だけに注目するのではなく、国債を購入する側に目を向ける必要があります。1990年のバブル崩壊以降、企業部門の事業拡大意欲が低下し資金需要が大幅に後退したことで、銀行が家計部門から預かっている資金が国債へ流入したのです。国債の大量発行を受け止めるだけの資金運用ニーズが、日本にはあったのです。

図表3-25 発行は増えても利回りは低下傾向
～日本の国債発行額と長期金利

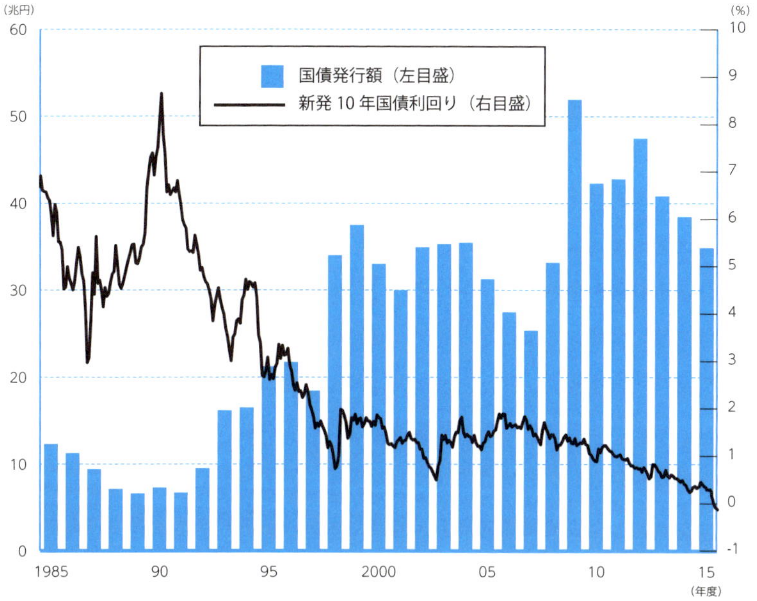

（注）新発 10 年国債利回りは 99 年 3 月まで国債指標銘柄
（出所：INDB-Accel、Bloomberg、Datastream）

政府の資金需要が拡大して国債発行が増えているのだから、利回りは上がるはずでは？

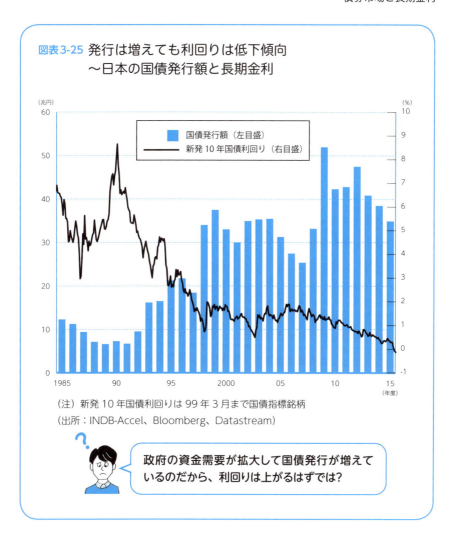

国内の貯蓄が国債大量発行を支える

日本政府の国債大量発行にも関わらず、国債利回りが低下を続けた背景をデータで確認してみましょう。

図表3-26の上グラフは、日本の国内非金融部門の金融資産と負債のバランスを表したものです。なお、残高は名目GDPに対する比率で表示されています。このグラフを見ると、家計部門の純金融資産残高（金融資産残高から負債残高を差し引いたもの）が、企業部門（非金融法人）と政府部門（一般政府）の純負債残高（負債残高から金融資産残高を差し引いたもの）の合計を上回って推移していることがわかります。しかも、企業部門の負債がほとんど増えていないため、政府が国債発行を増やしても、家計部門の貯蓄で十分まかなうことができました。

一方、図表3-26の下グラフはギリシャの国内非金融部門の金融資産・負債バランスを示したものです。ギリシャは、政府と企業の負債のほうが家計の金融資産よりも多く、しかも2008年には政府の負債が家計の金融資産を上回ってしまいました。そのような状況下で、2011年に政府債務への危機感が台頭し、国債利回りが急上昇（価格が急落）しました。株価も大幅に下落しましたが、ギリシャはユーロを採用していたため、通貨はさほど下落しませんでした。もしも通貨統合前の通貨単位であるドラクマだったら、通貨も大幅に下落していたはずです。

日本は家計部門の貯蓄が潤沢なので、たとえ政府債務残高が名目GDP比でみて世界最大だとしても、国債利回りが急上昇することはなさそうですが、金融資産・負債の状況が変化すれば、日本売りのトリプル安（債券安・株安・円安）の可能性もゼロとはいえなくなります。

図表3-26 日本とギリシャの金融資産・負債バランス（国内非金融部門）

日本（対名目GDP比）

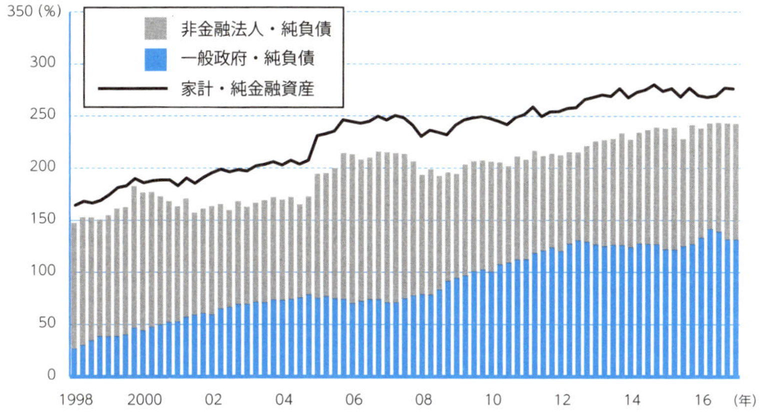

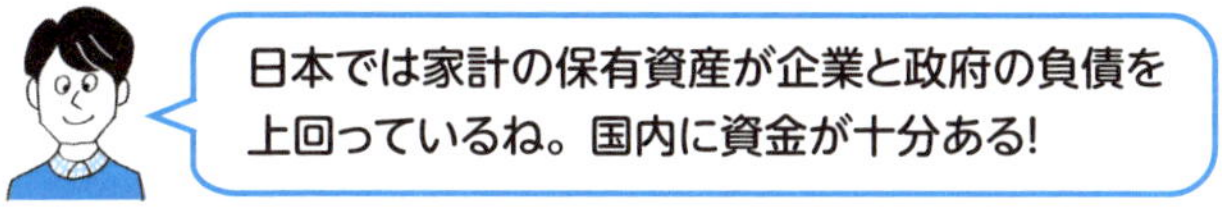

ギリシャ（対名目GDP比）

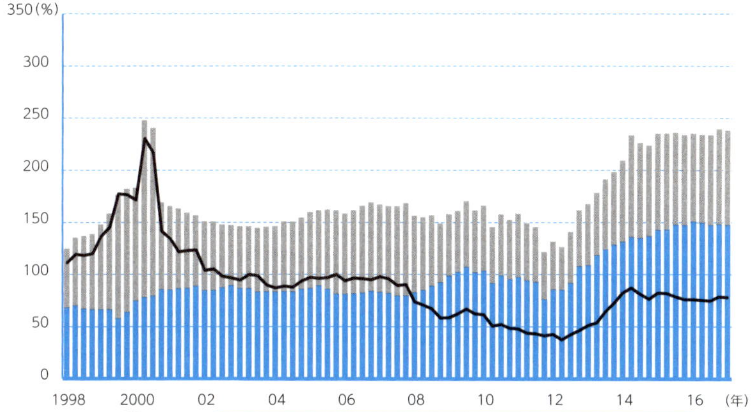

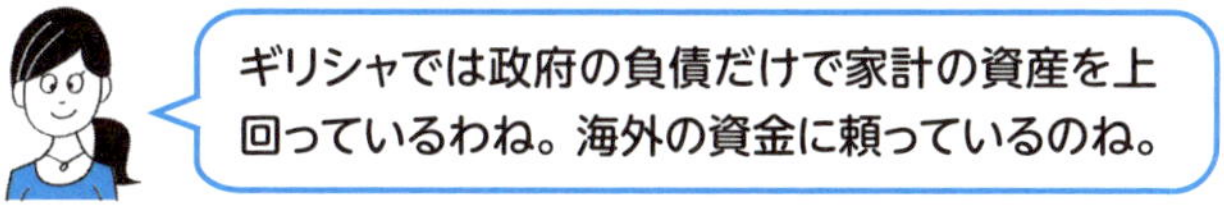

（注）純負債＝負債残高－金融資産残高、純金融資産＝金融資産残高－負債残高
（出所：INDB-Accel、Bloomberg、ギリシャ中銀）

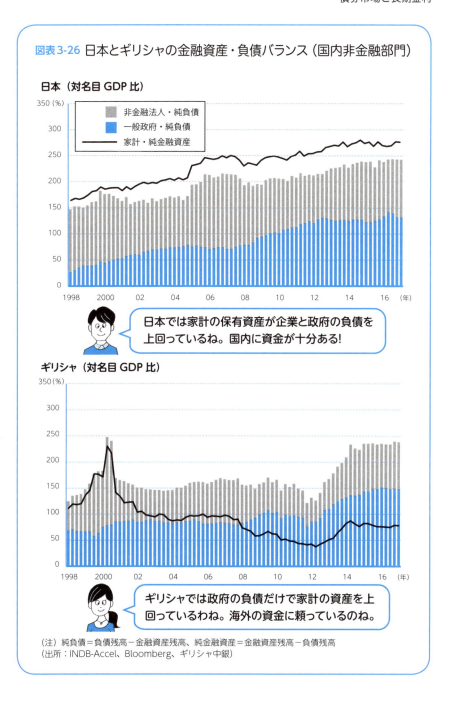

「格付け」と利回りの関係 〜信用リスク

ここまでは、長期金利が10年国債利回りであることを前提に説明してきました。しかし、債券には政府が発行する国債のほか、地方公共団体が発行する地方債や、企業が発行する社債などがあります。発行体の信用力はそれぞれ異なるため、例えば同じ10年債であっても、国債と社債では利回りに格差が生じます。

信用リスクとは、債券の発行体である企業などの財務状況が悪化して利息や償還金が支払われなくなるリスクのことです。国債はその国で最も信用力の高い発行体ですので、一般的に信用リスクはないとみなされます。

しかし、企業は財務状況の良し悪しにより、要求される利回りが異なります。また、優良企業だったものの、業績悪化により信用力が低下すると、要求される利回りが拡大します。格付けの低い、つまり信用リスクが高い債券に関しては、投資家はそのリスクを負うだけの「見返り」が必要なため、利回りが高くなります。

市場で取引される多くの債券には格付け会社と呼ばれる専門機関によって格付けが付与されています。格付け機関は、債券発行体の資金繰りが行き詰まって利息や償還金の支払いが滞るリスクを判断し、安全性の高いものから順に記号・数字を付けて格付けしています（図表3-27参照）。投資適格は、格付けが一定以上のものを指し、それより低いものは「投機的格付け」などと呼ばれます。

図表3-27 代表的な格付け記号一覧

一般的な呼称	ムーディーズ	S&P、フィッチ
AAA（トリプルエー）	Aaa	AAA
AA（ダブルエー）	Aa1	AA+
	Aa2	AA
	Aa3	AA-
A（シングルエー）	A1	A+
	A2	A
	A3	A-
BBB（トリプルビー）	Baa1	BBB+
	Baa2	BBB
	Baa3	BBB-
BB（ダブルビー）	Ba1	BB+
	Ba2	BB
	Ba3	BB-
B（シングルビー）	B1	B+
	B2	B
	B3	B-

（一般的な投資適格/投機的格付けの区分）

↑ 投資適格（BBB-以上）

↓ 投機的格付け（BB+以下）

まとめ

・好景気のときや物価上昇率が高いときは、金利は上昇。逆に不況のときや、物価上昇率が低いときは、金利は低下。

・長期金利の決定要因として特に重要なのは、市場参加者の経済成長や物価に対する「予想・期待」。

・国際的な取引が活発な現代では、為替レートや海外金利が長期金利の変動要因としても注目される。

・国債大量発行が金利上昇につながるかどうかは、家計など国内の貯蓄が潤沢かどうかによる。

Column

債券の経過利息

90ページの債券利回り計算では、経過利息を考えないで済むような例で説明しました。しかし、債券保有者が変わるのは利払日に限りません。

利付債の利息は一定期間ごとに支払われますので、利払日と利払日の間で債券を売買し保有者が変わったとしても、利払日に支払われる利息は現在の保有者が全額受け取ります。図表3-28の例では、債券保有者Bさんが1年分の利息1円を受け取りますが、BさんはAさんが保有していた期間の利息まで受け取ることになり、Aさんは利息をもらい損ねます。

その問題を解消するため、前回の利払い以降、債券を保有していた期間に応じて計算された「経過利息」が債券を売買するときにBさんからAさんへ支払われることになります。

図表3-28 債券の経過利息の例

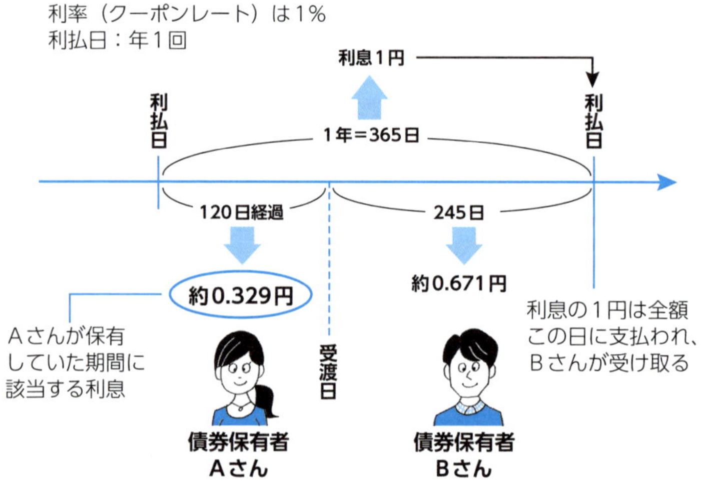

第4章

株のしくみを知るところから始めよう ～株式市場

1 株式の基礎知識

株式とは

第４章では、株式市場を取り上げます。株式市場は同じ長期金融市場である債券市場よりもニュースなどで報道される機会が多く、読者の皆さんのなかにも実際に株式を取引している人もいるでしょう。

企業は事業のための資金を必要とするとき、銀行から借り入れるほか、債券や株式を発行して広く投資家から資金を調達します（図表4-1参照）。「株式」は、企業が出資をしてもらった証として発行するものですが、銀行からの借り入れや債券発行と、株式による資金調達との違いはどこにあるのでしょうか。

それは、企業が調達した資金を返済する必要があるか、という点です。銀行からの借り入れや債券による調達は、お金を借りているという状況ですので、企業は資金を返済しなくてはなりません。しかし、株式の発行で調達した資金は、返済の必要がありません。株主は、出資者として、会社の一部を保有することになります。株主には議決権が与えられ、株主総会に出席し、会社の重要事項（役員の選任や計算書類の承認など）の決議に参加することができます。また、債券では一定の利息を支払うことが約束されていますが、株式の配当金は企業業績に影響され一定ではありません（図表4-2参照）。

なお、この本では金融市場を大局的に捉えるために、個別企業の株価ではなく、株式市場全体の株価の変化やその変動要因について説明していきます。

図表4-1 企業の資金調達方法

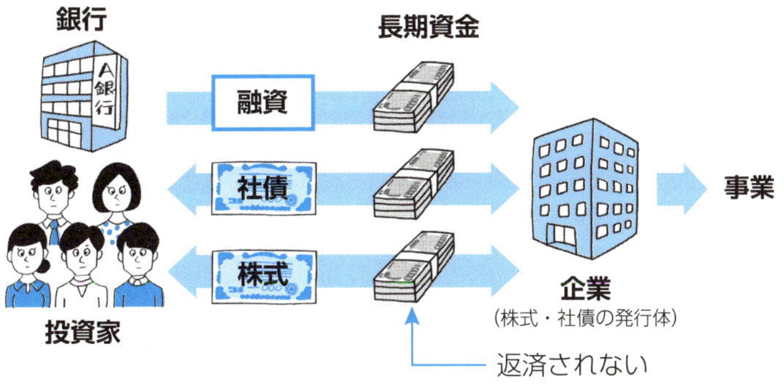

図表4-2 株式と社債の違い

	株式	普通社債
資金の返済	返済されない	償還期限に返済される
企業から見た調達資金の性格	自己資本	負債
利息	配当金が支払われるが、利益の状況により変動する（支払われない場合も）	発行時に設定された利率で利息が支払われる
満期	ない	償還期限が発行時に設定されている
証券の売却	できる（特に上場企業は売買しやすい）⇒資金は返済されないが、投資家は株式の売却で資金を回収できる	できる（株式に比べると売買が成立しにくい）
投資家による企業の経営への関与	できる	できない
企業が倒産した場合	出資金は戻らない	一部返済される可能性がある

株式の取引の種類

株式も債券同様、取引する市場が「発行市場」と「流通市場」に分かれています。発行市場は、新規株式公開や公募増資など（140ページ参照）で株式会社が株式を売り出す市場です。流通市場は発行された株式が投資家同士で売買される市場です。株式は債券と異なり償還期限がありませんので、投資家が株式を換金したいと思ったときに容易に売却できる流通市場があるからこそ、発行企業が円滑に資金調達できるのです（図表4-3参照）。

流通市場での取引には、取引所取引、取引所外取引、店頭取引の３種類があります。取引所に上場されている株式は、一般的に取引所で売買されていますが、一部の銘柄については、取引所外での売買も可能となっています。また、非上場株式（店頭有価証券）は、証券会社との相対取引である店頭取引で売買されます。ただし、非上場株式のすべてが店頭取引で売買できるわけではありません。

日本で現物の株式が売買されているのは、東京証券取引所・名古屋証券取引所・福岡証券取引所・札幌証券取引所の４か所です。株式が上場されるためには取引所の審査が必要です。上場審査基準の違いにより、東京証券取引所と名古屋証券取引所は第一部と第二部に市場が分かれています。なお、大阪証券取引所は2014年３月に大阪取引所と名称を変更して、株価指数先物などのデリバティブ市場に特化した取引所になっています。

また、ベンチャー企業の資金調達を促し、日本経済を活性化させるために、上場審査基準を緩和した新興市場として、東京証券取引所のマザーズやJASDAQなどがあります（図表4-4参照）。

図表4-3 株式の発行市場と流通市場

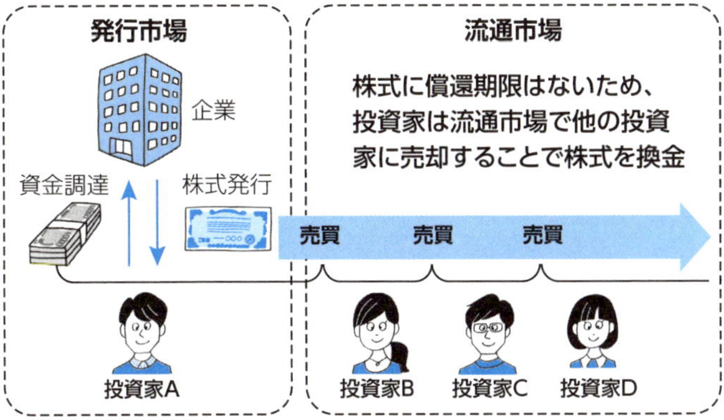

図表4-4 日本の証券取引所

	本則市場	新興市場	その他
東京証券取引所	**第一部** **第二部**	**マザーズ** **JASDAQ**	**TOKYO PRO Market** **（プロ投資家向け市場）**
名古屋証券取引所	**第一部** **第二部**	**セントレックス**	
福岡証券取引所	**本則市場**	**Q-Board**	
札幌証券取引所	**本則市場**	**アンビシャス**	

用語解説 本則市場

証券取引所が開設している市場のうち、メインとなる市場のことです。

株式の収益はどこからくるか

株式で資金を運用する際に得られる収益には、①値上がり益、②配当金、③株主優待があります（図表4-5参照）。

値上がり益は、保有株式の価格の値上がりによって得られる収益です。株価は下がる場合もありますので、そのときには損失となります。こうした価格の変化で得られた利益を「キャピタル・ゲイン」、損失を「キャピタル・ロス」と呼びます。

配当金は、企業が事業で稼いだ利益のうちの一部が、株主に対して配当という形で還元されることによる収益です。配当は予め約束されているものではなく、企業の業績によって変動します。こうした配当金による収益を「インカム・ゲイン」と呼びます。

株主優待は、企業が株主に対して、自社のサービスや商品などをお得に使ってもらえるように、優待制度を提供するものです。日本では、上場企業の3割程度が導入しているとの調査があります。ただし、株主優待は一律に金額で把握することが難しいことに注意が必要です。

株式にも債券同様キャピタル・ゲインとインカム・ゲインがあるため、利回り計算ができるようにみえます。しかし、株式は償還がないため現時点で運用期間がどの程度の長さか決まっていませんし、投資終了時、つまり売却時の株価を予め知ることはできません。そのため、投資開始時に債券のような利回り計算はできません（図表4-6参照）。

まとめ

- **株式の発行で調達した資金は返済の必要がなく、株主は出資者として会社の一部を保有する。**
- **株式の配当金は企業業績に影響され一定ではない。**

図表4-5 株式の収益

株式の収益

- **① 値上がり益（キャピタル・ゲイン）**
  値下がり損（キャピタル・ロス）
- **② 配当金（インカム・ゲイン）**
- **③ 株主優待**

図表4-6 利回り計算における債券と株の比較

$$\textbf{債券利回り（\%）}=\frac{\textbf{年当たり利息}+\dfrac{\textbf{額面価格}-\textbf{債券価格}}{\textbf{残存期間（年）}}}{\textbf{債券価格}}\times 100$$

年当たり利息 → 年当たり配当金（変動する可能性ある）

額面価格－債券価格 → 株式のキャピタル・ゲインは投資開始時点ではわからない

残存期間（年） → 株式には償還期限がない

債券価格 → 株価

債券利回り（%） → 投資開始時点で株式の利回りは計算できない

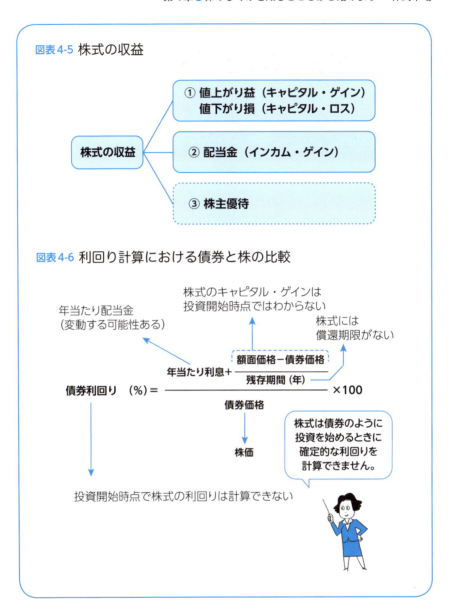

2 株価指数の基礎知識

日本の代表的な株価指数

個別銘柄の株価ではなく、株式市場全体の株価の変化を把握するために、株価指数（インデックス）が作成されています。この本では金融市場を大局的に捉えるために、株式市場全体の株価の変化やその変動要因に着目しますので、まず株価指数について理解しましょう。

株価指数は、その市場全体の変化をつかむために、さまざまな銘柄の株価を合わせて作成されます。日本の代表的な株価指数には、日経平均株価、TOPIX、JPX日経400の3つがあります。

「日経平均株価」は、日本経済新聞社が東京証券取引所第一部（以下、東証一部）に上場された銘柄から225銘柄を選定し、それぞれの株価を平均したものです。単位は「円」です。

「TOPIX」は、「東証株価指数」とも呼ばれます。TOPIXは、東証一部に上場されているすべての銘柄の時価総額（⇒用語解説）を合計し、1968年1月4日を100として指数化したものです。時価総額の合計は円で示されますが、TOPIXは基準時点を100とした指数ですので、単位はありません。

「JPX日経400」は、投資先として魅力の高い会社を選ぶ、という点に力を入れた株価指数です。東証に上場されている銘柄をさまざまな観点で採点し、上位の400銘柄となった企業で構成されています。この400銘柄の時価総額を合計し、2013年8月30日を10,000として指数化しています。これも指数ですので、単位はありません。

図表4-7 日本の代表的な株価指数

	対象銘柄	算出方法の特徴	算出者
日経平均株価	東証一部上場銘柄から選定された225銘柄	株価の平均値（連続性を維持するため、除数による調整が行われている）	日本経済新聞社
TOPIX（東証株価指数）	東証一部上場の全企業	全企業の時価総額を、1968年1月4日の時価総額で割って算出した指数（基準日=100）	東証（日本取引所グループ）
JPX日経400（JPX日経インデックス400）	東証上場銘柄から、市場流動性や収益力などでスコアリングして選定された400銘柄	対象企業の時価総額を2013年8月30日の時価総額で割って算出した指数（基準日=10,000）	日本取引所グループ、東証、日本経済新聞社

（注）TOPIXとJPX日経400は時価総額でウェイト付けしたものだが、浮動株の比率を考慮している。
（出所：日本経済新聞社の指数公式サイトhttps://indexes.nikkei.co.jp/nkave、日本取引所グループの株価指数関連サイトhttp://www.jpx.co.jp/markets/indices）

用語解説 時価総額

株価と発行株式数をかけたもので、会社の市場で評価されている価値を示すものです。

用語解説 浮動株

企業が発行している株式のうち、安定的な大株主が保有し市場で売却される可能性が低い株式を除き、市場で常に売買される株式のことです。

株価指数の算出方法の特徴

一つの企業であれば、株式市場でその企業の価値がどのように評価されているかは、株価の変化ですぐにわかります。しかし、複数の企業の組み合わせである株価指数を見るときには注意が必要です。なぜなら、株価指数の対象となっている銘柄がすべて同じように動くわけではないため、算出方法の違いにより株価指数の変化に差が生じるからです。ここでは、単純な平均株価と、株価に発行済みの株式数をかけたもの、すなわち時価総額を比較してみます。

図表4-8は、ある2つの銘柄で構成された市場を仮定して、平均株価と時価総額を比べたものです。A社は、株価は低いですが株式数が多く、B社は、株価は高いですが株式数が少ない企業です。時価総額は、A社の方が大きくなっています。この市場のある日の平均株価は310円、時価総額の合計は1億7,000万円、となります。

翌日に、A社の株は20円値下がりし100円に、B社の株は30円値上がりし、530円になったとします。このときの平均株価は315円、時価総額は1億5,300万円となります。平均株価は約1.6%上昇しましたが、時価総額は10%の下落となり、両者は逆の動きになっています。

この場合、市場全体の価値の変化を正しく反映しているのは、企業の規模まで勘案している時価総額といえます。時価総額は、市場で評価されている企業の価値の総額だからです。平均株価は、企業規模に関係なく、単純に株価の高い企業の株価変化の影響を受けてしまいます。

このように、平均株価と時価総額という算出方法の違いによって株価指数の動きに違いが出てくる場合がありますので、指数の算出方法を理解しておくことが大切です。

図表4-8 平均株価か、時価総額か？

ある日

A社	B社
株価：120円	株価：500円
発行株式数：100万株	発行株式数：10万株
時価総額：1億2,000万円	時価総額：5,000万円

平均株価
（120＋500）÷2
＝**310円**

時価総額
1億2,000万＋5,000万
＝**1億7,000万円**

翌日

A社	B社
株価：100円	株価：530円
発行株式数：100万株	発行株式数：10万株
時価総額：1億円	時価総額：5,300万円

平均株価
（100＋530）÷2
＝**315円**

時価総額
1億＋5,300万
＝**1億5,300万円**

1.6%上昇

10%下落

時価総額が企業価値全体の動きを反映しているよ。

まとめ

- **日本の代表的な株価指数には、日経平均株価、TOPIX、JPX日経400がある。**
- **株価指数は平均株価か、時価総額かで動きに違いが出てくる。**
- **市場全体の変化を見る場合は、時価総額に着目すべき。**

3 株価の変動要因

何が株価の長期的な動きを決めるのか

第1章で、金融市場は長期の時間軸ではファンダメンタルズ（経済の基礎的条件）の影響を受けやすいと述べましたが、株式市場の長期的な動きに影響を与えているファンダメンタルズは何でしょうか。

個々の株価はそれぞれの企業業績の影響を受けますが、国全体で考えると、企業業績は経済活動の結果と捉えることができます。国全体の経済活動は、経済規模を示す名目GDP（国内で一定期間に新たに生み出された付加価値の合計、物価変動込み）で計測できます。名目GDPが増えているということは、企業活動が活発化し、企業業績が拡大していることを示します。したがって、名目GDPと株価は似たような動きをたどります。

図表4-9は、日本の名目GDPとTOPIXを重ねたものです。大局的な動きをみると、1970年代に株価は名目GDPの大きさに比例して上昇していましたが、1980年代の後半に経済の実力から大幅に上振れしました。いわゆるバブル期です。1990年のバブル崩壊以降、名目GDPは横ばいが続き、株価も上下に振れながら揉み合いで推移しています。

図表4-10は、米国の名目GDPとS&P500株価指数を重ねたものです。米国は2008年のリーマン・ショック時に名目GDPが一時的に縮小しましたが、長期的には上昇トレンドを維持しており、株価もその上昇トレンドを挟むような形で推移していることがみてとれます。

図表4-9 株価と名目GDPは似た動き ～日本

(出所：Bloomberg、INDB-Accel)

図表4-10 株価と名目GDPは似た動き ～米国

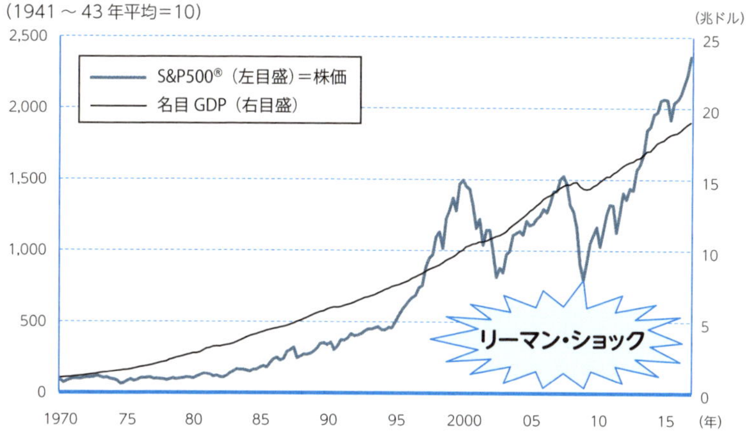

(出所：Bloombergのデータより三井住友信託銀行マーケット企画部が作成)

株価の変動要因

株価の長期的な動きは名目GDPで捉えられますが、株価指数の中期的な変動は、見過ごせるほど小さくはありません。例えば、2000～2015年の15年間でTOPIXは約半分程度に下落した後に約2倍に上昇するという動きを2回繰り返しています（図表4-9参照）。

そこで、株価の中短期的な変動を捉えるために、株価の主な変動要因を図表4-11にまとめました。

まず1つめは、「企業業績・景気動向」です。景気動向は国全体として企業業績に影響しますので、あわせて一つの要因としました。

株価の変動要因として企業業績が重要なのは、株式を発行するのが企業であることからも明らかです。例えば、株式の収益の一つである配当金は、企業業績が良いと増える傾向があります。業績が悪ければ、配当に回すお金は少なくなります。このように、企業業績の良し悪しは配当金を通じて、株式投資の魅力に影響を与えます。

また、業績が良ければ、ビジネスを拡大していく可能性があります。それに伴って企業価値が高まっていくのであれば、やはりその株の価値も高まっていくでしょう。逆に、業績が芳しくない場合は、事業を縮小して建て直しを図ることになります。そうした企業の価値は低下し、株価も下落していく可能性が高いと予想されます。

株価は必ずしも業績のみで決まってくるわけではなく、他にもさまざまな要因の影響を受けます。時により相場のテーマは変わっていきますが、企業の業績向上を主な要因として株価が上昇していく相場環境を、「業績相場」と呼ぶことがあります。

図表4-11 株価の主な変動要因

	株価上昇	株価下落
①企業業績・景気動向	業績改善・景気拡大	業績悪化・景気縮小
②金融政策・金利動向	金融緩和・金利低下	金融引き締め・金利上昇
③市場心理	楽観	悲観
④海外株式の動向	海外株の上昇	海外株の下落
⑤為替動向（＊）	円安	円高

（＊）為替動向の株価への影響は、最近の為替と株価の動きに基づいて表示しているが、局面により、「円高→株高／円安→株安」となることに注意（138ページ参照）。

図表4-12 企業業績と株価の関係

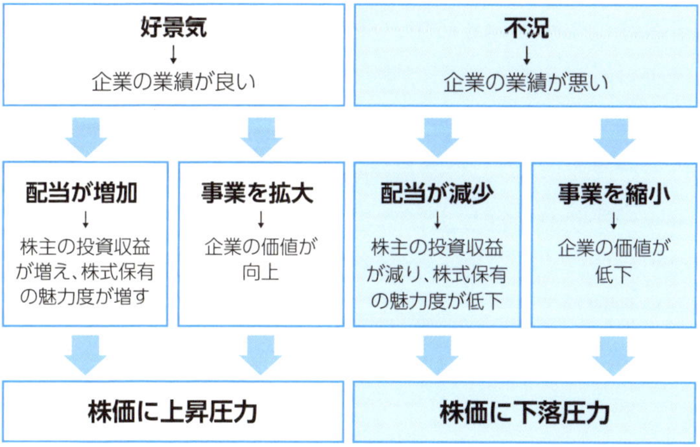

企業業績に影響する要因

株価の変動要因である企業業績ですが、では、企業業績はどのような要因で動くのでしょうか。図表4-13は、日本企業の業績を左右する代表的な要因をまとめたものです。

まず、Ⓐの国内や海外の景気は、経済活動の拡大・縮小を通して、企業の業績に大きな影響を与えます。

次に、貿易を行う企業にとっては、Ⓑの為替レートも重要です。輸出企業は円安の方が有利ですが、輸入企業は円高の方が好ましいでしょう。日本は経常収支黒字国であり、輸出の影響を受けやすい経済となっています。したがって、日本全体の企業収益への影響という観点では円安の方がプラスである、という考えが一般的です。

Ⓒの金利は、企業の資金調達のコストとなります。金利が低いと企業は資金を調達しやすくなるので、企業収益にはプラスとなります。

Ⓓの政府の財政政策も重要です。財政支出が増えるということは、政府が消費活動や公共投資を拡大するということですので、民間企業の収益を押し上げます。また、企業は国に多くの税金を支払っていますので、減税措置は企業収益を押し上げることとなります。

Ⓔの規制にはさまざまなものがありますが、一般に、規制が緩和され、企業活動の制限が少なくなれば、それだけビジネスの領域も広がり、企業の収益獲得の機会も増えていく可能性があります。

このように、企業の業績へ影響を与える要因はさまざまです。もちろん、個別の企業の業績に関しては、より具体的で個別性の高い要因が考えられますので、注意してください。

図表4-13 経済・金融環境の変化と日本の企業業績の関係

経済・金融環境の変化		業績改善要因	業績悪化要因
Ⓐ国内外の景気		景気改善 （経済活動が拡大）	景気悪化 （経済活動が縮小）
Ⓑ為替レート	輸出企業	円安	円高
	輸入企業	円高	円安
Ⓒ金利		金利低下 （資金調達コスト減少）	金利上昇 （資金調達コスト増加）
Ⓓ財政		財政拡大 （減税、歳出増などで景気改善）	財政緊縮 （増税、歳出減などで景気悪化）
Ⓔ規制		規制緩和 （企業行動が自由化）	規制強化 （企業行動に制約）

（注）この表は、多くの企業へ影響を及ぼすマクロ的な要因を列挙。個別企業の業績の変動要因は上記以外にもさまざまある。

図表4-14 為替レートの輸出入企業の業績への影響

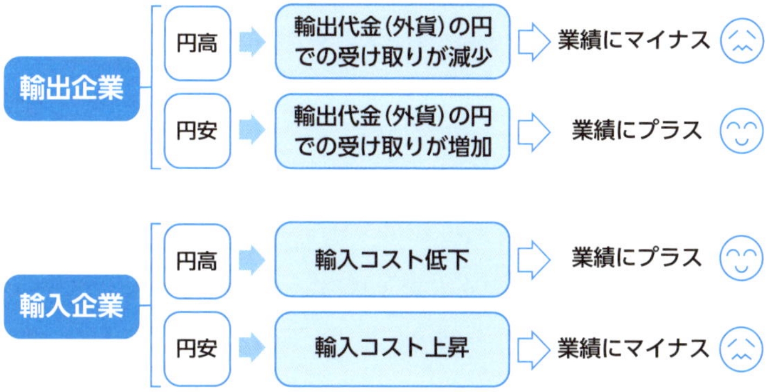

金融政策・金利動向と株価の関係

続いて、金融政策・金利動向が株価に与える影響をみていきましょう。

金利は、前ページの企業業績の変動要因にも含まれていました。まず、企業業績との関係についておさらいします。

金利は資金調達コストの増減を通じて企業の業績に影響を及ぼします。金融緩和などで金利が低下する局面では、企業の借り入れが容易になるほか、住宅ローンなどの家計の借り入れも増加していくことで、経済活動の拡大が見込まれます。結果として景気が回復していけば、企業の業績も改善します。

ここで、金融政策が債券利回り（長期金利）へ影響を与え、その結果として株価へ影響する、という観点で考えてみましょう（図表4-15参照）。

債券は株式と並んで、代表的な投資先です。中央銀行が金融を緩和し短期金利が押し下げられる局面では、債券利回りが低下することが想定されます。つまり、債券利回りが低下することで、債券投資の魅力が薄れ、株式投資の相対的な魅力が高まってきます。そのため、株式市場に流入する投資資金が増えていく可能性があります。

逆に中央銀行が金融を引き締め、短期金利が押し上げられている局面では、債券利回りが上昇し、債券の魅力が高まりますので、株式の相対的な魅力は低下してしまいます。

しかし、実際の株価と長期金利は、図表4-16にあるように、景気動向の影響を強く受けて、「金利上昇・株高」もしくは「金利低下・株安」の組み合わせで推移することが多いです。それでも、図表4-16の日銀の量的・質的金融緩和策の局面では、「金利低下・株高」となっています。このような、企業の業績が悪くとも金融緩和や低金利を要因として株が上昇する局面を、「金融相場」と呼ぶことがあります。

図表4-15 金融政策・金利動向と株価の関係

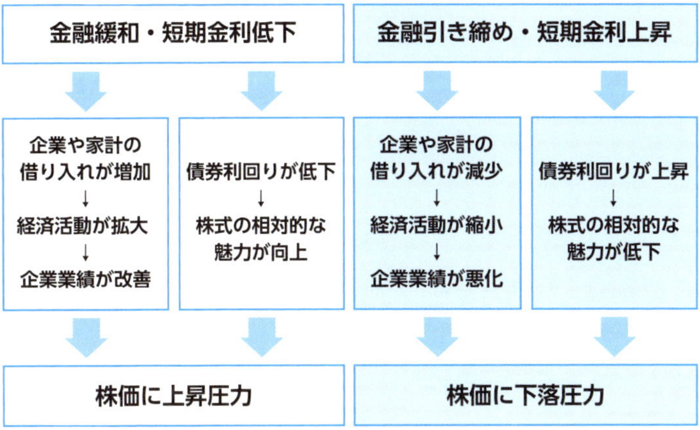

図表4-16 金利と株価は同じ動きをする？
～日本の株価と長期金利の推移

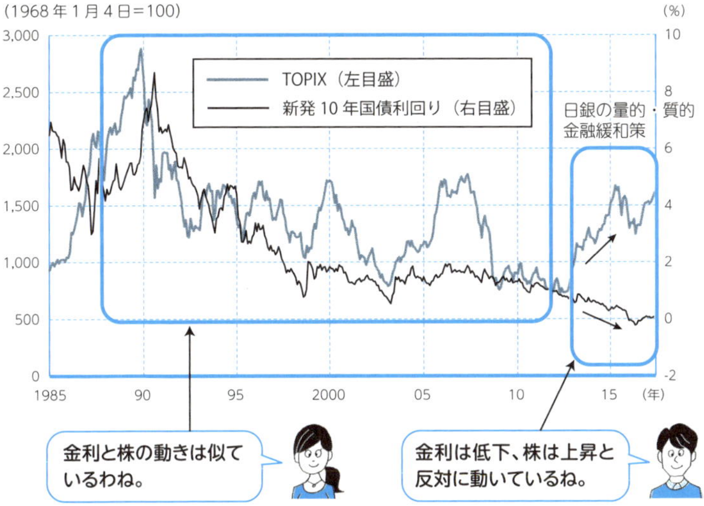

（注）新発10年国債利回りは99年3月まで国債指標銘柄
（出所：Bloomberg、Datastream）

市場心理が株価を動かす

株価は市場心理に強く影響されて動くことがあります。市場心理は投資家のリスク選好の度合いともいえます。投資家が将来に対して楽観しているか、悲観しているかが、投資行動を通じて株価に影響する、というものです。

前ページの債券利回りと株価の説明と重複しますが、投資家のポートフォリオ（⇒用語解説）は、さまざまな資産が組み合わされて構成されていることが多く、その中でも代表的な金融資産が、株式と債券です。投資家は、ポートフォリオの中の資産のバランスを調整することで、リスクを調整しています。一般に、債券中心の投資は安全性重視、株式中心の投資は収益性重視、とされています。

つまり、投資家が将来に対して楽観的な場合は、収益性を重視して株式の保有を増やす傾向があり、株価にとっては上昇圧力となります。逆に、投資家が将来に対して警戒的あるいは悲観的な場合は、安全性を重視して株の保有を減らす傾向があります。この場合は、株価には押し下げ圧力がかかります。

このように、投資家のリスク選好度合いが強まることで株価が上昇し、安全性が高いとされる国債などの債券価格が下落（債券利回りが上昇）することを「リスクオン」と表現します。一方、悲観的な場合は株式の保有を減らすため、株安圧力となり、債券価格が上昇（債券利回りが低下）します。これを「リスクオフ」と呼びます（図表4-17）。

グローバル化の進んだ金融市場において、このような「リスクオン」「リスクオフ」の動きは、近年、世界同時に発生するようになっています。そのため、日本の株価と海外株式が同じような動きをする傾向が見られます（図表4-18）。

図表4-17 投資家の心理が株価に影響する

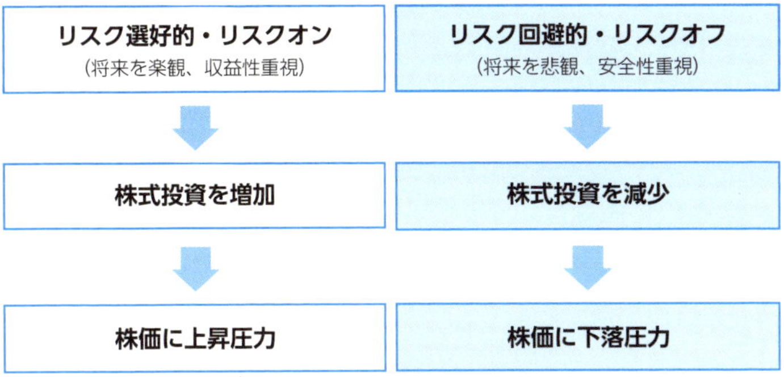

図表4-18 近年の日米株価は似たような動きに

（出所：Bloombergのデータより三井住友信託銀行マーケット企画部が作成）

用語解説　ポートフォリオ

本来は「紙挟み」の意味ですが、金融用語では、運用資産の組み合わせのことを指します。

為替レートと株価のやっかいな関係

金融市場の動きについてインターネットなどでニュースを調べると、株価の解説では「円高になったので株価が下落した」とある一方、為替の解説では「株価が下落したので円高になった」などと書かれていたりします。これでは、株価と為替、どちらが原因なのかわかりません。

為替と株価の関係は実にやっかいです。

図表4-19は、TOPIXと米ドルの対日本円での為替レート（ドル／円レート）の推移を示したグラフです。両者は1996～2004年に「円安・株安」もしくは「円高・株高」という関係で動いていました。ところが、2005年以降は「円安・株高」もしくは「円高・株安」という関係へ変化しました。

1996～2004年は、日本の金融システム不安から小泉政権の構造改革へと推移した局面でした。日本経済への悲観が円安・株安へつながり、また、2003年の株価反転上昇と円高は、構造改革期待により海外から日本の株式市場に資金が流入したためでした。「日本を売るか買うか」というのが、この期間のテーマだったといえます。

ところが、2005年以降の株価は、世界経済をテーマにして動いていると考えられます。世界が好景気のときは、日本の景気も上向くので株高になり、日本から海外への投資が活発化することで円安に動きます。逆に世界の景気が弱くなると、日本の景気も下向いて株安になり、対外投資は日本へ還流するので円高圧力になります。

為替と株価の関係は、経済環境によって変化します。日々の金融市場の動きをただ追いかけるのではなく、株価と為替の背後にあるテーマが変化していないか、問い続けることが重要です。

図表4-19 日本の株価と為替レート

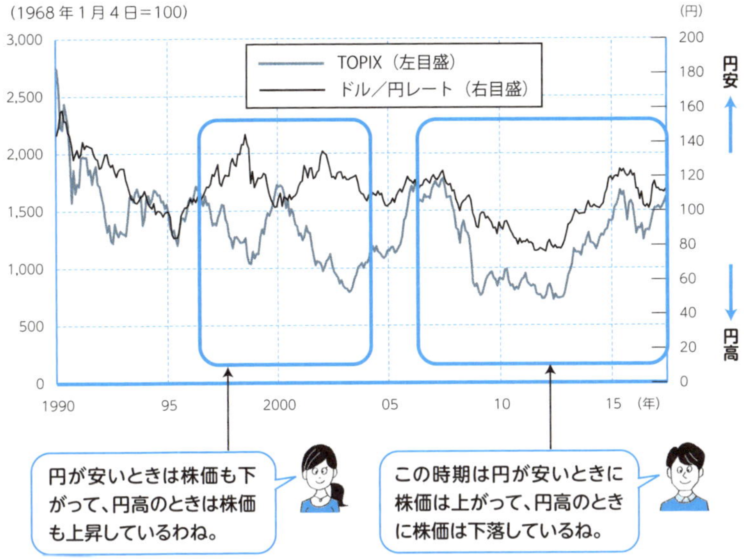

（出所：Bloomberg）

まとめ

- 株価は、国全体の経済活動の結果である名目GDPと、長期的に似たような動きをたどる。
- 株価の変動要因として重要なのは企業業績。企業業績は国内外の景気・為替レート・金利などの影響を受ける。なお、為替レートは輸出企業と輸入企業で逆の影響を及ぼすことに注意。
- 債券利回り（長期金利）が低下すると、債券投資の魅力が薄れ、株式投資の魅力度が相対的に高まるため、株価上昇要因に。逆に債券利回りが上昇すると、株価下落要因に。

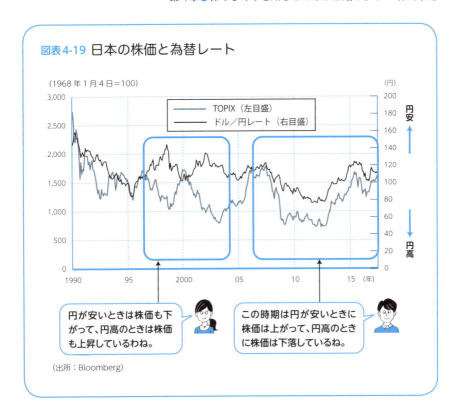

Column

新規株式公開と上場企業の公募増資 ～株式の発行

株式が証券取引所に上場されると、企業は株式を通じて不特定多数の一般投資家から大規模な資金を調達することが可能になります。未上場企業が株式を上場することを「新規株式公開」（IPO、Initial Public Offering）といいます。

株式の公開方法には、新たに株式を発行する「公募増資」や、既存の株主が保有株式を売却する「売出し」があります。

株式を上場すると、取引所の上場審査を通過したことで、その企業のイメージが良くなり、さらに上場が報道されることでPR効果も得られます。一方で、株式を取得する投資家の幅が広がるため、それまで以上の情報開示が求められます。

すでに上場している企業も増資により資金調達を行うことができます。「増資」とは、会社設立後に新たに株式を発行して資金調達をすることです。増資は、募集方法の違いにより、「公募」「株主割当」「第三者割当」に分類されます。なかでも一般的なのが「公募」です。

「公募増資」は、広く一般投資家を対象に新たに株式を発行して、資金を調達することです。新株は、市場実勢を基準にした価格で発行されます。

第5章

お金を通じて世界とつながる
～外国為替市場

1　外国為替市場の基礎知識

外国為替市場とは

海外旅行に出かけるときには、パスポート、航空券、そして、「その国で通用する現金」が必需品です。

外国で買い物をしたり、食事をしたり、タクシーに乗ったりするとき、対価として支払うのはその国の通貨です。そのため、私たちが海外旅行に出かけるときは、日本円を外貨に交換します。

海外旅行だけではありません。私たちは日本にいながら、石油などのエネルギー製品を輸入したり、逆に日本で生産した自動車などの工業製品を輸出します。また、海外の株式や債券を売買したり、逆に海外投資家が日本の金融商品を売買します。

図表5-1 海外との経済取引のしくみ

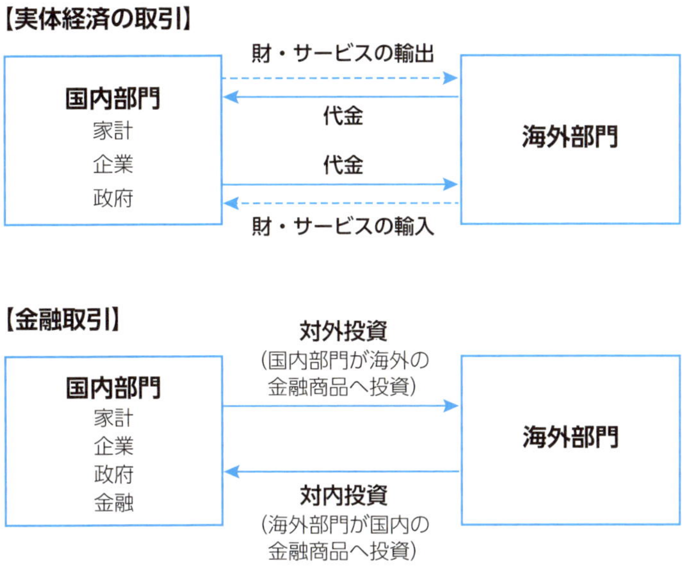

国内経済と海外経済は、モノ・サービスといった実体経済でつながっているだけでなく、金融商品を取引する金融経済においても密接につながっています（図表5-1参照）。

このような国内と海外で取引を行う場合、避けて通れないのが「通貨」が異なるという問題です。ここで「外国為替市場」が登場します。

外国為替市場は、異なる通貨を交換する市場です。短くして「外為《がいため》市場」と呼ぶこともあります。

外国為替市場で、ある通貨を別の通貨と交換する際の交換比率が「為替レート（為替相場）」です。なおこの章の為替取引は、取引成立後に直ちに対価との引き渡しが行われる直物（スポット）取引を対象とします。

金融機関同士の取引 ～銀行間市場

テレビや新聞で「本日の東京外国為替市場の円相場は…」と報道されるのを見聞きしたことはありませんか？　では、「東京外国為替市場」は東京のどこにあるのでしょうか？

実は、株式などが売買される東京証券取引所のような具体的な場所はありません。外国為替市場は、参加者がネットワーク状に専用回線や電話でつながった仮想空間にあります（図表5-2参照）。その市場への参加者は銀行や証券会社などの金融機関に限られるため、「銀行間市場」または「インターバンク市場」と呼ばれます。

外国為替の取引は、取引所に売買注文を集中する取引所取引ではなく、参加者が1対1で行う相対取引です。例えば、円を売ってドルを買いたい金融機関は、銀行間市場の中からドルを売って円を買いたい相手を見つけて取引します。

テレビのニュースで「現在の円相場は1ドル＝111円20銭～22銭です」などと報道されるレートは、銀行間市場で取引されている為替レートです。そのため、テレビの画面に表示されている現在のレートが突如変化することがあります。銀行間市場ではプロフェッショナルのディーラーたちが活発に取引をしており、為替レートは刻一刻と変化しているため、それを反映してテレビ画面の表示レートが切り替わるのです。

ディーリングルームの情報端末画面には次々とニュースが流れ、さまざまな情報が飛び込んできます。ディーラーたちはそれらに俊敏に反応するため、ときには1秒未満の単位で為替レートは変化していきます。

一般的に「東京外国為替市場」というときは、この銀行間市場を指しますが、これは狭義の外国為替市場です。

図表5-2 銀行間市場の取引イメージ

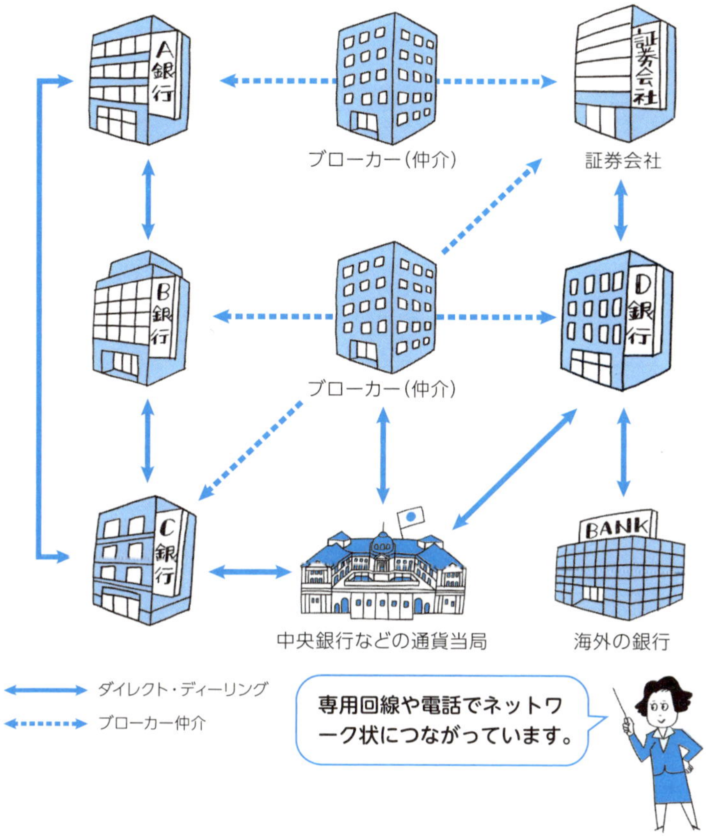

用語解説 ブローカー

銀行間市場で取引の仲介をする会社のことです。外国為替取引は、取引所に売買注文が集中されないため、ブローカーへ売買ニーズを伝えることで、取引相手を見つけます。電話回線で人が仲介する場合もありますが、現在はほとんどの取引がコンピューター・システムの電子ブローカーを通じて行われています。

個人や企業の為替取引 ～対顧客市場と銀行間市場

では、広義の外国為替市場は何を指すのでしょう。

金融機関以外の人も通貨の交換を行っています。事業会社は輸出や輸入のために外貨と自国通貨を交換しますし､個人でも外貨預金をしたり、海外旅行のための外貨の現金を購入します。これらは広義の外国為替市場になります。

外国為替市場には、銀行間市場のほかに「対顧客市場」があります。対顧客市場では、企業や個人などの顧客の求めに応じて、銀行や証券会社が通貨の交換を行います。

私たちはさまざまな経済取引を行っていますが、それは国内に限られていません。国境を越えて海外と貿易取引をしたり、外国の債券・株式を購入するなどの投資を行ったりします。そのとき、外国の通貨の受け取り・支払いが発生するので、通貨を交換する必要がでてきます。このニーズに応えるのが、対顧客市場における金融機関の役割です（図表5-3参照）。

各金融機関は、対顧客市場での顧客のニーズに応えるために必要な通貨交換を、銀行間市場で行います。したがって、企業や個人の経済活動の結果としての通貨交換の需要は、最終的に銀行間市場の為替レートに反映されていくのです。

では、なぜ対顧客市場と銀行間市場を分けているのでしょうか？　同じドルと円の交換ならば、一つの市場で取引しても問題ないような気がします。

例えば、キャベツが1個欲しいからといって、個人が卸売市場に行ってキャベツを1個だけ買うことはできません。卸売りのルールを理解し、それに則らなくてはなりません。外国為替市場も同じです。銀行間市場が業者同士の卸売市場だとすると、対顧客市場は小売店なのです。

図表5-3 “小売”と“卸”の関係に近い～対顧客市場と銀行間市場の関係

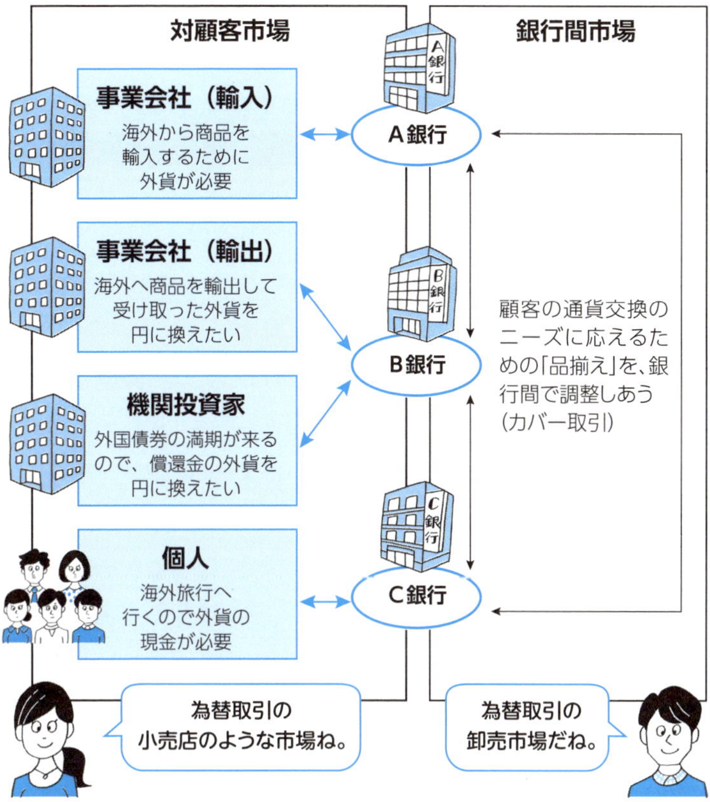

用語解説 カバー取引

金融機関が顧客との取引により生じた外国為替のポジション（持ち高）を調整するために、銀行間市場で他の金融機関と行う取引のことです。例えば、対顧客取引でドルの買い持ちが増えたら、それを減らすために銀行間市場でドルを売ります。

対顧客取引とは別に、自分の相場観によりポジションを操縦するために銀行間市場で取引をすることもあります。

外国為替市場は眠らない

外国為替取引の特徴は、世界中で24時間取引が行われている点です。電子回線や電話を使って取引が行われるため、回線上のマーケットにつながることができれば、世界中どこにいても取引を行えます。

しかし、人間は眠らないわけにはいかないので、東京→ロンドン→ニューヨークと、昼間の時間帯が移動するのに合わせて、為替が取引されるマーケットも移動していきます。図表5-4は、24時間表示にした日本時間を基準に、世界各国で外国為替取引が行われている時間帯を示したものです。

月曜日のシドニー・ウェリントン市場から始まり、金曜日のサンフランシスコ市場が閉まるまで、外国為替取引が可能です。例えば、日本時間深夜、東京市場にディーラーがいないときでも、ロンドンやニューヨークで取引を行うことができます。

外国為替取引は相対取引ですので、売買の相手を効率よく見つけるには、取引が活発で市場参加者の多いマーケットが望ましいといえます。

図表5-5は、BIS（国際決済銀行）が取りまとめている、外国為替取引高の国別データです。直近の2016年4月の取引高について、上位5か国・地域のデータを掲載しています。

最も取引が活発なのは英国です。次に米国が続きますが、取引高は英国の半分程度です。3位はシンガポール、4位は香港、5位は日本となっていますが、この3者の差は小さく、アジアの時間帯では国際金融センターの地位をめぐって激しい競争が続いています。

図表5-4 外国為替取引の時間帯

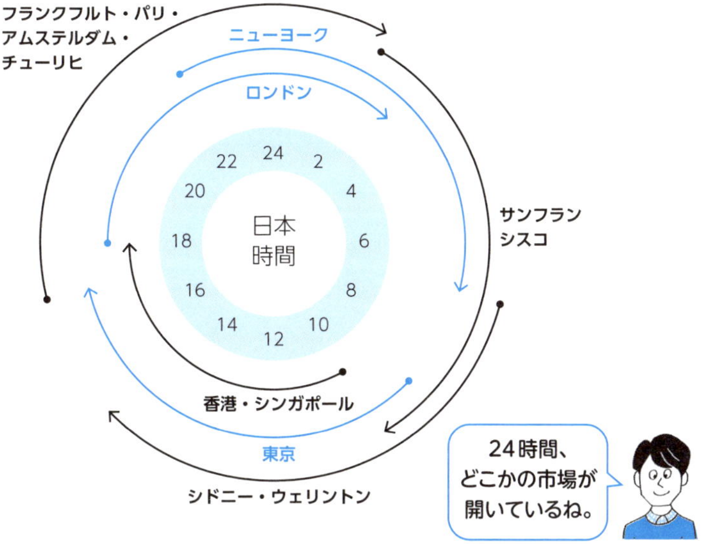

図表5-5 国別の外国為替取引高

(2016年４月の上位５か国・地域、１日平均総売買高)　(単位：10億ドル)

	2004年4月	2007年4月	2010年4月	2013年4月	2016年4月
英国	835	1,483	1,854	2,726	2,406
米国	499	745	904	1,263	1,272
シンガポール	134	242	266	383	517
香港	106	181	238	275	437
日本	207	250	312	374	399

(出所：BIS「外国為替およびデリバティブ取引にかかる中央銀行サーベイ」)

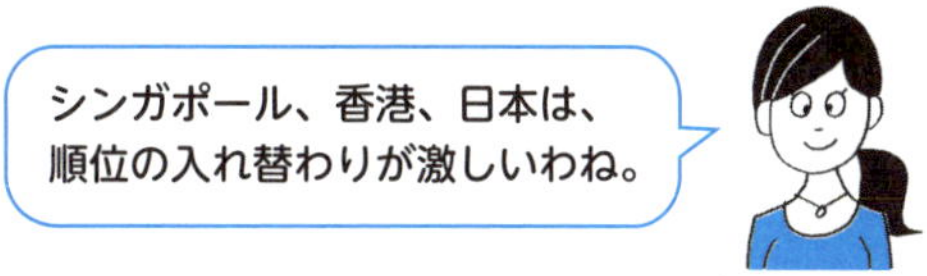

為替レートの表示のしくみ

為替レートは異なる2つの通貨の交換比率ですので、レートは2つの通貨の組み合わせで表示されます。銀行間市場では、米ドルと日本円の交換比率は「ドル円」レート、ユーロと米ドルの交換比率は「ユーロドル」レートと、2つの通貨を組み合わせて呼びます。

さて、ここで問題です。ドル円レートの表示は「1ドル＝125円」でしょうか？　それとも「100円＝0.8ドル」でしょうか？

答えは「1ドル＝125円」です。どちらも交換比率としては同じです。例えば、100ドルが何円に相当するか知りたいとき、「1ドル＝125円」で計算しても、「100円＝0.8ドル」で計算しても、答えは12,500円で同じです。

しかし、レート表示が2種類あると、提示したレートの数字がどちらの表示形式のものかを確認しなくてはならず、取引が非効率になります。そのため、プロフェッショナルのディーラーが集まる銀行間市場では、市場慣行でレート表示が決まっています。例えばドル円レートの場合は、「1ドル＝○○円」の形式で表示されます。

では、ユーロドルレートの場合はどうなるでしょうか。この場合は「1ユーロ＝○○ドル」の形式で表示することになっています。ユーロ円レートの場合は「1ユーロ＝○○円」です（図表5-6・図表5-7参照）。

「ドル円」レートは「1ドル＝○○円」、「ユーロドル」レートは「1ユーロ＝○○ドル」、「ユーロ円」レートは「1ユーロ＝○○円」と表示するのですが、レートの名前の最初に出てくる通貨が基準となっていることに気づきましたか？　実は、銀行間市場では、通貨ペアの呼び方に、レート表示がどちらになるかが表れているのです。

図表5-6 主要通貨ペアのレート表示

	ユーロ	英ポンド	豪ドル	ニュージーランドドル	米ドル
英ポンド	1ユーロ =○○ポンド				
豪ドル	1ユーロ =○○豪ドル	1ポンド =○○豪ドル			
ニュージーランドドル	1ユーロ =○○NZドル	1ポンド =○○NZドル	1豪ドル =○○NZドル		
米ドル	1ユーロ =○○米ドル	1ポンド =○○米ドル	1豪ドル =○○米ドル	1NZドル =○○米ドル	
日本円	1ユーロ =○○円	1ポンド =○○円	1豪ドル =○○円	1NZドル =○○円	1米ドル =○○円

図表5-7 主要通貨のレート表示の優先順位

1	ユーロ（EUR）
2	英国ポンド（GBP）
3	オーストラリアドル（AUD）
4	ニュージーランドドル（NZD）
5	米国ドル（USD）
6	カナダドル（CAD）
7	スイスフラン（CHF）
8	日本円（JPY）

ある通貨ペアのレートを表示する場合、「上位の通貨１単位」＝「下位の通貨○○単位」という形式で表現されます。

ドル円レートと円高・円安の関係

「円が大幅に安くなった」とか「昨夜のニューヨーク市場で円高が進んだ」など、外国為替相場の動向について、新聞やテレビなどで報道されるのを見聞きしたことがあると思います。例えば、1ドル＝100円が105円になったときには「円安」、1ドル100円が95円になったときには「円高」と、レートの数字の変化と円高・円安の組み合わせがちぐはぐになり、頭が混乱した経験はありませんか？

為替レートの表示のしくみを理解することで、このような混乱を回避することができます。

他の通貨に対して通貨価値が上昇することを通貨高、反対に通貨価値が下落することを通貨安といいます。しかし、上述のドル円レートの例のように、レートの数字と通貨価値の高い安いが一致しない場合があります。

ドル円レートを例に考えてみましょう。①1ドル＝105円と、②1ドル＝95円とでは、どちらが円高でしょうか？

円の価値が高い、つまり円高であるのは、95円で1ドルが手に入る②です。一方、円の価値が安い、つまり円安であるのは、1ドルを手にするのに105円も必要となる①です。

ドル円レートの数字の大きさは、ドルの価値を表しているため、数字が大きいほうがドル高＝円安になり、数字が小さいほうがドル安＝円高になります（図表5-8参照）。

為替レートの基準となる通貨を常に意識しておけば、レートの数字に惑わされることはありません。日本円の場合、主要通貨とのレート表示では、基準となる通貨は外貨ですので、「円高・円安」ではなく「外貨安・外貨高」で考えるようにしましょう。

図表5-8 為替レートと通貨価値の変化

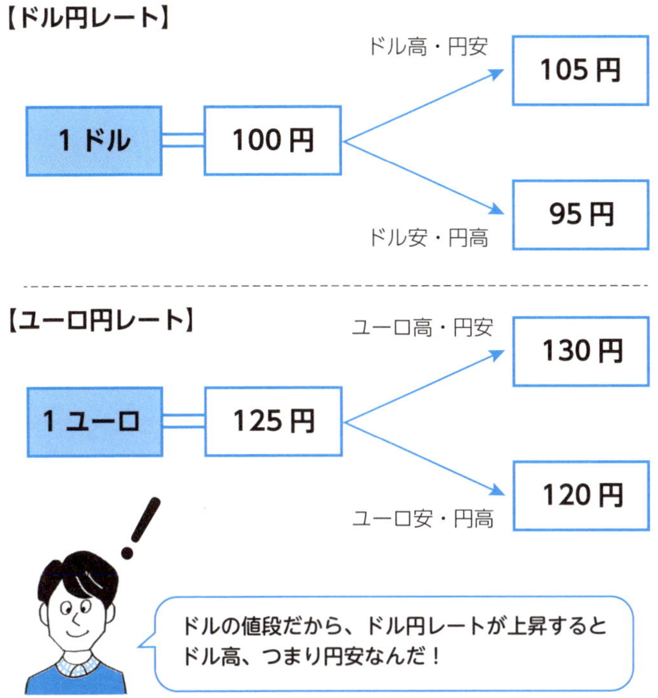

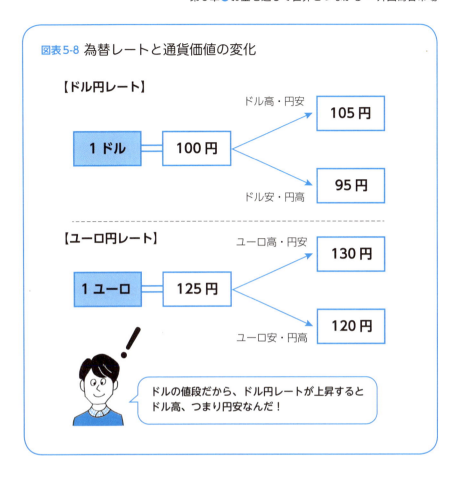

銀行間市場の為替レート

新聞の朝刊で前日の為替レートを調べると、マーケット欄に「1ドル＝111.20～111.22円（17時、日銀公表）」などと表示されています。同じマーケット欄に、株価指数も掲載されていますが、こちらは一つの数字のみが表示され、為替レートのように「○○～○○円」といったレンジでは表示されていません。

外国為替は相対で取引されます。取引所で集中して取引されれば、実際に売買が成立したレートを把握することができますが、1対1の相対取引は、売買の成立したレートを逐一確認することはできません。その代わり、電子ブローカーのシステム画面で銀行間市場の実勢を確認できます。そこに表示されるのは、電子ブローカーに集まった市場参加者の買い希望価格の最高値と売り希望価格の最低値です。取引が成立するとしたら、買いたい価格と売りたい価格の間になるはずなので、このレンジが市場実勢となるのです（図表5-9参照）。

なお、新聞に掲載される前日17時時点の為替レートは、日銀が銀行間市場の参加者から聴取した買い値と売り値です。

ところで、外国為替市場の銀行間市場では、ある一時点では、世界中のどこの市場でも、同一の為替レートが成立します。

例えば、東京市場で1ドルが110円で取引されている同時刻に、香港市場で1ドルが111円で取引されることはありません。もし、同時に1ドル＝110円と1ドル＝111円が成立するならば、目ざといディーラーが東京でドルを買って同時に香港で売ることで、一瞬のうちに収益を上げることが可能になってしまいます。

図表 5-9 銀行間市場の提示レート

＜電子ブローカーのシステム画面のイメージ＞

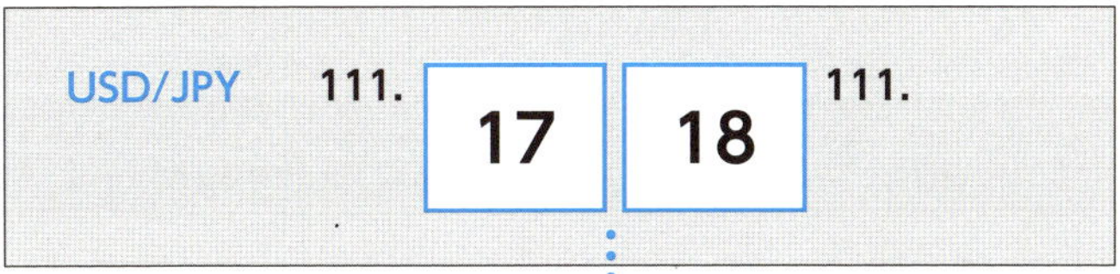

ドル円レートの例

大台の整数部分は小さい字で添えられ、小数点以下の部分が大きく表示されています。

左が提示者のドル買い希望価格（ビッド・レート）=111 円 17 銭
右が提示者のドル売り希望価格（オファー・レート）=111 円 18 銭

現在のドル円レートは「111 円 17 ～ 18 銭」と表現されます。これは、市場参加者の買いたいレートと売りたいレートの最前線になります。

対顧客市場の為替レート

対顧客市場のレートは、基本的に銀行間市場の実勢レートを基に決定されます。銀行のディーラーのように頻繁に取引するわけではない事業会社や個人にとっては、めまぐるしく変化するレートに対し、いつ売買をするべきか判断がつかなくなってしまいます。そのために「公示仲値」という制度があります。

公示仲値は、9時55分の銀行間市場のレートを参考に、各金融機関ごとに決定されています。事業法人や個人など、金融機関の顧客は、その日1日の間、外国為替取引に公示仲値を使用することができます。これによって、顧客は一定のレートで取引を行うことができます。なお、実際の取引では、公示仲値に手数料を加味したレートで取引をします（図表5-10参照）。

公示仲値を発表後、急激な相場変動が発生すると、仲値と実勢レートがかけ離れてしまいます。その場合、当初の公示仲値は使用できなくなり、「市場連動制」へ移行したり、新たに「第二公示仲値」が設定されたりします。

まとめ

- **外国為替市場は異なる通貨を交換する市場で、その交換比率が為替レートである。**
- **外国為替市場には銀行間市場と対顧客市場がある。銀行間市場の実勢レートが、その時点の為替レートとして注目される。**
- **対顧客市場では、事業法人や個人はその日1日の間、公表された一定のレートである公示仲値を使って取引できる。**

図表5-10 公示仲値の例

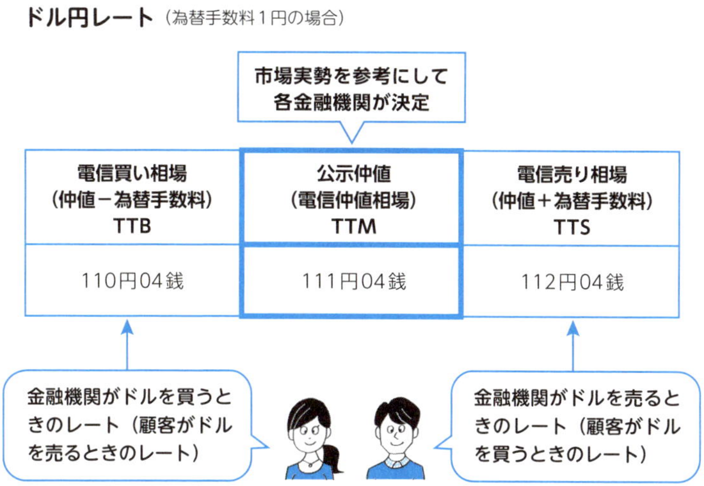

金融機関は仲値から為替手数料を差し引いて、より安くドルを購入。
また、ドルを売る際は、為替手数料を仲値に加えて、より高くドルを売る。
なお、紙幣の売買には輸送コストなどがさらに加味される。

用語解説 電信仲値相場

公示仲値のことで、TTM（Telegraphic Transfer Middle Rate）ともいいます。また、電信買い相場はTTB（Telegraphic Transfer Buying Rate）、電信売り相場はTTS（Telegraphic Transfer Selling Rate）ともいいます。

2 為替レートの変動要因

為替レートはなぜ変動するのか ～長期変動と中期変動

第２～４章で金利や株価の変動要因をみてきましたが、市場に影響を及ぼすファンダメンタルズ（経済の基礎的条件）はその国１か国のものを分析すればすみました。しかし、為替レートは2つの通貨の交換比率ですので、2つの国を比較しながら考えていかなければなりません。最初から多くの国を検討対象にすると混乱しますので、この項では、ドル円レートに焦点を当て、日本と米国のファンダメンタルズを比較しながら変動要因を捉えていきます。

ここで、第１章で説明した「時間軸の重要性」を思い出してみましょう。金融市場の価格変動を、長期･中期･短期に分解しました。為替レートも同じように時間軸を分けて考えてみます。

図表5-11は、1971年以降のドル円レートと、日米の物価指数から計算した購買力平価の推移です（今は購買力平価とは何か、という疑問はいったん脇に置いてください）。この図表は、購買力平価を長期的なトレンドとして、ドル円レートが中期的に上下しているように見えます。一本の長期変動の線を引いてあげると、中期変動が見えてきます。

なお、図表のドル円レートは月中平均ですので、短期的な変動ははっきりしません。短期的な変動は、投機的な動きからファンダメンタルズでは説明できない要因で起こりやすいためこの本では触れず、長期的な変動要因と中期的な変動要因を確認していきましょう。

図表5-11 ドル円レートと購買力平価は長期的に同じ傾向で動く

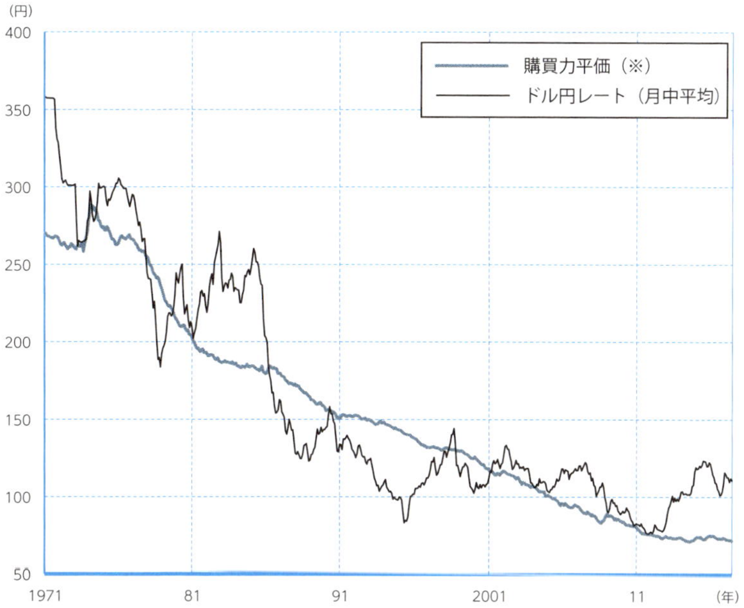

（※）購買力平価は 1973 年 3 月基準。物価指数は、日本が国内企業物価指数（最終財・国内品）、米国が生産者物価指数（完成品）。
(出所：Bloomberg)

用語解説 投機（speculation）

値上がり・値下がりを見越して、利益を上げるために行う取引のことです。投機は価格変動を捉えることが目的です。一方、投資は企業の成長や経済全体の成長を期待して行うものです。投機と投資は区別がつきにくいですが、目的として見ているところが異なります。投機という言葉は何か悪い感じがしますが、投機の取引があることで、市場での売買が成立しやすくなる点で意義があります。

購買力平価のしくみ

前ページにあるように、ドル円レートの長期的な傾向は、購買力平価に近い動きをしているように見えます。それでは、そもそも「購買力平価」とは何でしょうか。

図表5-12は、米国と日本のリンゴの価格を例に、購買力平価の考え方を示したものです。ある時点で、リンゴ1個の値段が、米国では1ドル、日本では100円でした。もし、米国と日本が地続きで、自由に往来できる国境を挟んだ2つの店でリンゴを売っていた場合、日米どちらの店でもリンゴの価値は等しくなるはずです。つまり、この時点で、1ドルと100円の価値は同じといえるでしょう。したがって、為替レートで表現すれば、1ドル＝100円となります。

次に、それぞれの国で物価が変化した場合を考えます。米国では、物価は変化せずリンゴの値段は1ドルのまま、一方、日本ではデフレによってリンゴの値段が90円になったとします。このとき、リンゴの価値が等しくなる為替レートを計算すると、1ドル＝90円となります。

このように、米国の物価上昇率の方が、日本の物価上昇率よりも高いと、為替レートにはドル安･円高の圧力がかかっていくことになります。直感的に言えば、モノの価格が下がるということは、お金の価値が上昇している、ということです。

図表5-12で、お金の「使い出」つまり「購買力」に着目すると、米国ではドルの価値は変わりませんでしたが、日本では円の価値が高まりました。購買力が日米間で等しくなるように為替レートが変化するのであれば、円がドルに対して上昇する、つまり円高･ドル安となるはずだ、というわけです。このように、物価上昇率の格差が、為替レートの動きに影響を与えているという考え方を、「購買力平価説」といいます。

図表5-12 購買力平価の考え方

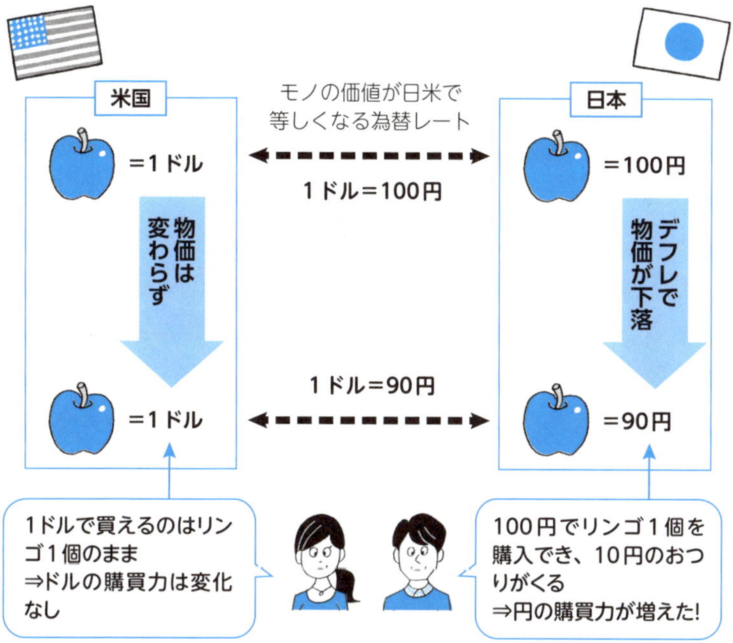

用語解説　ビッグマック指数

英エコノミスト誌が購買力平価の考え方に基づき、マクドナルドのハンバーガー（ビッグマック）の価格を用いて算出する為替レートの理論値です。ビッグマックは世界中でほぼ同一品質で生産されているので、この価格が各国間で等しくなるような為替レート水準を「ビッグマック指数」あるいは「ビッグマック平価」と呼びます。

為替レートの長期的なトレンドを決めるもの

前ページでみたように、リクツの点で、購買力平価説には説得力があります。また、実際の長期的な為替レートの推移を見ても、確かに長期トレンドに強く影響しているといえるでしょう。しかし、問題点もあります。

図表5-12の例では、リンゴを使って説明しましたが、世の中にはさまざまなモノが取引されているため、1つの為替レートを導き出すことは不可能です。そのため、さまざまなモノの価格から構成される物価指数を使って、ある基準時点からの変化率で購買力平価が計算されます。

また、2か国間でモノの価値が等しくなるように為替レートが変動するという考えの前提には、輸送コストがかからず自由に買い物ができる環境である必要があります。米国のリンゴが安いからといって、日本の消費者が米国まで行ってリンゴを買うことはないでしょう。

物価指数を使って購買力平価を測ることには、基準となる時点を設定しなくてはならないという問題点があります。図表5-13は、ドル円レートと、①1973年、②1987年、③2007年の3つの異なる基準時点で算出した購買力平価を示したものです。基準時点が異なるだけで、購買力平価が示す水準には大きな差が生じています。

さらに、図表5-13で用いている物価指数は、企業が出荷する製品の価格の指数ですが、消費者物価や輸出物価など、どの物価指数を選ぶか、という問題もあります。

では、購買力平価は長期トレンドとして使えないのでしょうか？

図表5-13の基準時点の異なる購買力平価は、長期的な方向性が一致しています。購買力平価は為替レートの水準を示すものではなく、動きの方向感を示すもの、と理解できます。過去の日米の物価上昇率の差はいわば「重力」のようにドル円レートに円高ドル安圧力を与え続け、長期的に購買力平価の向きに進んできたといえるでしょう。

図表5-13 ドル円レートと基準時点の異なる購買力平価

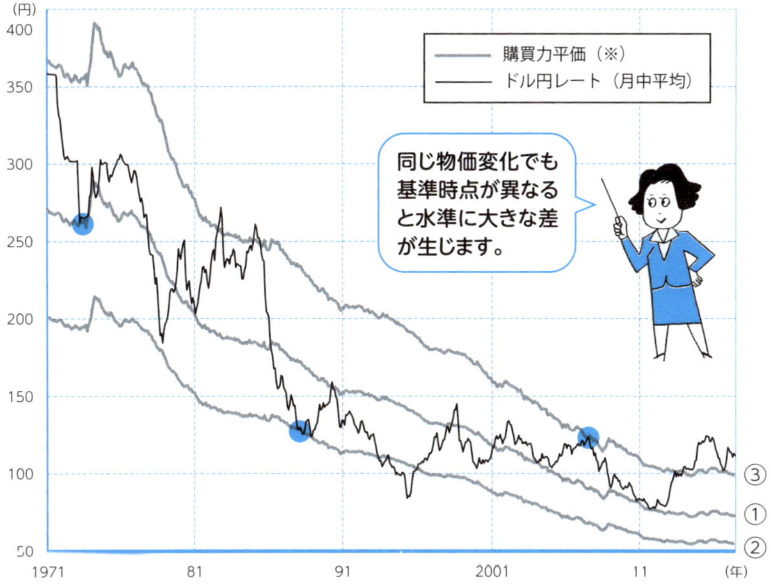

①基準時点は1973年3月。変動相場制へ移行した時。
②基準時点は1987年12月。クリスマス合意（➡用語解説）の時。
③基準時点は2007年7月。米国のサブプライム・ショックの直前。
（※）算出に用いた物価指数は、日本が国内企業物価指数（最終財・国内品）、米国が生産者物価指数（完成品）。
（出所：Bloomberg）

用語解説　クリスマス合意

1987年12月22日のG7（先進7か国蔵相・中央銀行総裁会議）での合意のことです。1985年9月のプラザ合意でドル安が進んでいましたが、これ以上のドル下落は好ましくないとの見解が表明されました。

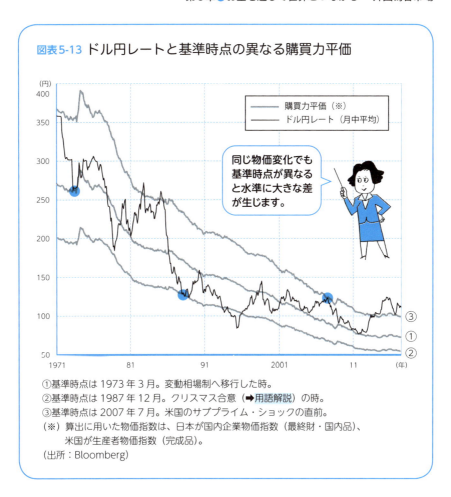

貿易・投資の動向が為替レートに影響する

ドル円レートはときに長期的なトレンドから大きく離れますが、どのような要因が影響しているのでしょう。ここからは、為替レートの中期的な変動要因を説明していきます。

この章の冒頭でも説明したように、海外との経済取引は実体経済の取引である「貿易」と、金融取引である「投資」に分けられます（図表5-14参照）。その貿易と投資に関して、どのような経済・金融環境の変化があると、円高・外貨安または円安・外貨高の要因となるのかをまとめたのが、図表5-15です。

まず貿易に関しては、輸出へ影響を与える要素として「日本企業の国際競争力」と「海外の景気」を挙げています。競争力の向上は、日本製品の輸出を増加させる要因になります。また、海外の景気が良いと、海外の消費が増えるため、輸出が増える圧力となります。

輸入へ影響を与える要因としては、「日本の景気」と「資源価格」を挙げています。日本の景気が良いと、消費活動が活発化し、海外からの輸入が増えるでしょう。また、日本は海外から多くの資源を輸入しているので、資源価格の上昇は、輸入金額を増加させる要因となります。

次に投資に関しては、対内投資へ影響を与える要因として、日本への成長期待や日本の金利があります。日本への成長期待が高ければ、日本への投資は増えるでしょう。また、日本の金利が高くなれば、円建て資産での運用の魅力が増し、日本への投資が増えるでしょう。逆に、対外投資に関しては、海外への成長期待や海外の金利が上げられます。海外経済の将来性や金利水準が魅力的であれば、対外投資が増加するでしょう。

なお、ここで示した要因は環境の変化によって変わっていきますし、分析対象の国によっても変わることに注意が必要です。

図表5-14 海外との経済取引

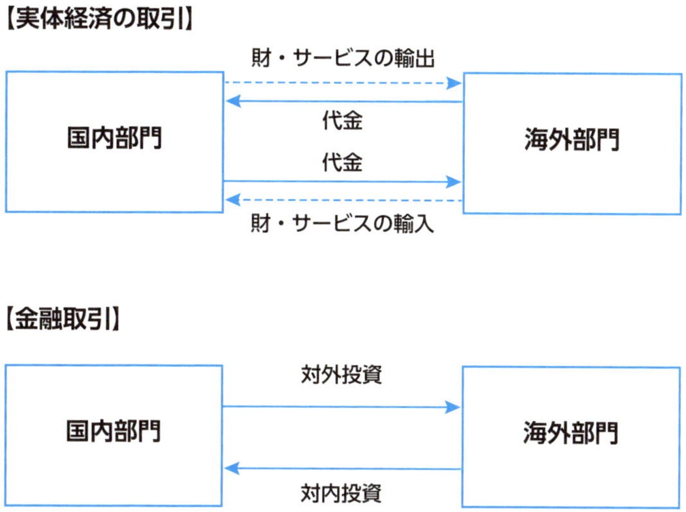

図表5-15 日本を中心にみた為替レートの中期的な変動要因

		円高要因		円安要因	
貿易	日本の国際競争力	向上	輸出増加	低下	輸出減少
	海外の景気	改善		悪化	
	日本の景気	悪化	輸入減少	改善	輸入増加
	資源価格	下落		上昇	
投資	日本への成長期待	向上	対内投資増加	低下	対内投資減少
	日本の金利	上昇		低下	
	海外への成長期待	低下	対外投資減少	向上	対外投資増加
	海外の金利	低下		上昇	
	投資家のリスク選好度合い	リスク回避的		リスク選好的	

貿易収支と為替レートの関係

海外との経済取引は貿易と投資に大別できます。まず、貿易が為替レートへどのように影響しているかみていきましょう。

貿易は、商品を海外へ輸出したり、海外から輸入したりすることですが、そこでは代金の決済が発生します。

日本から海外へドル建てで輸出をする場合には、代金を受け取る日本の企業はドルが手元に残ります。受け取った代金を、国内で支払いに充てたり、従業員の給与として配分する場合、ドルを円に交換する必要があります。一方、輸入の場合は、代金を支払う側です。ドルを支払うために、手元の円資金をドルに交換しなければなりません。

日本全体で輸出と輸入で生じる為替取引がぴったり同じであれば、それぞれの取引は相殺されてドル円レートへの影響はありません。輸出か輸入のどちらかが多くなった場合には、その差分だけ、貿易を理由とした為替取引が片方のサイドに偏ることになります。この輸出入のバランス、すなわち貿易収支が、ドル円レートの変動要因となります。

貿易黒字とは、輸出が輸入よりも多い状態、つまりお金の受け取りが支払いよりも多い状況です。こうした状況では、輸出によって受け取ったドルを円に替える取引の方が多くなりますので、ドル売り・円買い、つまりドル円レートに対しては円高ドル安圧力となります。

逆に、輸出よりも輸入が多い場合は、貿易赤字となり、お金を払うことの方が多くなります。支払いのために円を売ってドルを買う取引の方が大きくなるので、円安ドル高圧力となります（図表5-16参照）。

なお、モノだけでなく、旅行などのサービスも同様に考えることができます。例えば、日本から海外へ旅行する人が増えると、海外でお金を使うので、輸入をしたのと同じことになります。逆に、外国人観光客が増えると、日本でお金を使うので、輸出と同じになります。

図表5-16 貿易収支がドル円レートに影響する

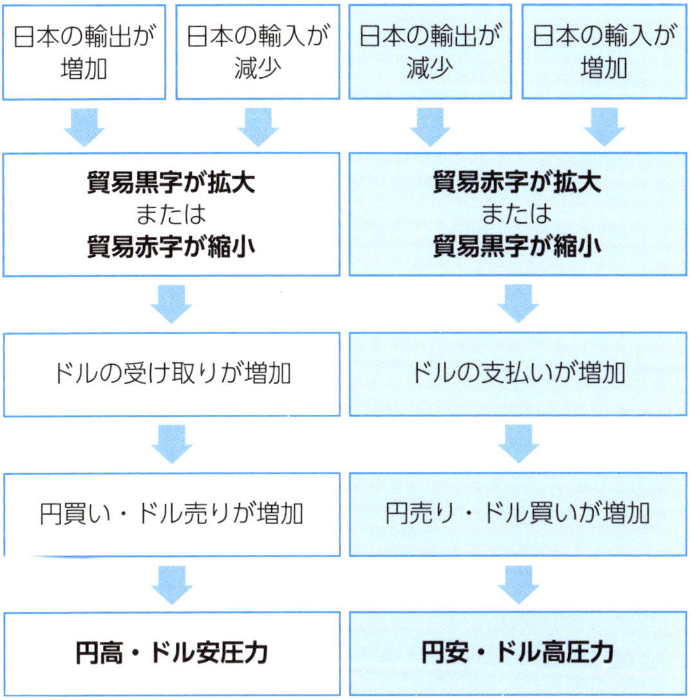

経常収支と為替レートの関係

貿易やサービスの対価として代金を受け払いするだけが、国全体が海外から受け取っている「稼ぎ」ではありません。モノを売ったり、サービスを提供した対価のほかに、投資から得られる利益があります。このような、国全体が海外から受け取る稼ぎのことを「経常収支」といいます。

経常収支を構成する主な項目を図表5-17に取り上げました。経常収支の主な項目は、「貿易・サービス収支」と「第一次所得収支」です。貿易・サービス収支は、海外とのモノやサービスの対価の受け払いを集計したものです。一方、第一次所得収支は、対外投資から得られる収益の受け払いを集計したものです。

かつて日本の経常黒字といえば、ほぼ貿易黒字で占められていました。しかし、近年は貿易黒字よりも投資収益の受け取りの方が多くなっています。

なぜこのような変化が起きたのでしょうか？　それは、これまで企業が国内の工場で生産した製品を海外へ輸出していたものを、海外に子会社をつくって工場を建て、製品は海外で生産するようになったからです。貿易で黒字を得る代わりに、海外の子会社が生産活動からあげた利益を、配当として国内の親会社が受け取ります。これが「直接投資収益」です。

また、日本は海外の債券・株式への投資残高を膨らませてきました。そのため、保有している債券・株式の利息・配当の受け取りは、海外投資家が保有している日本の債券・株式の利息・配当の支払いよりも、かなり多くなっています。このように、海外の債券・株式に投資して得られる利息・配当を「証券投資収益」といいます。

図表5-17 経常収支の主な項目

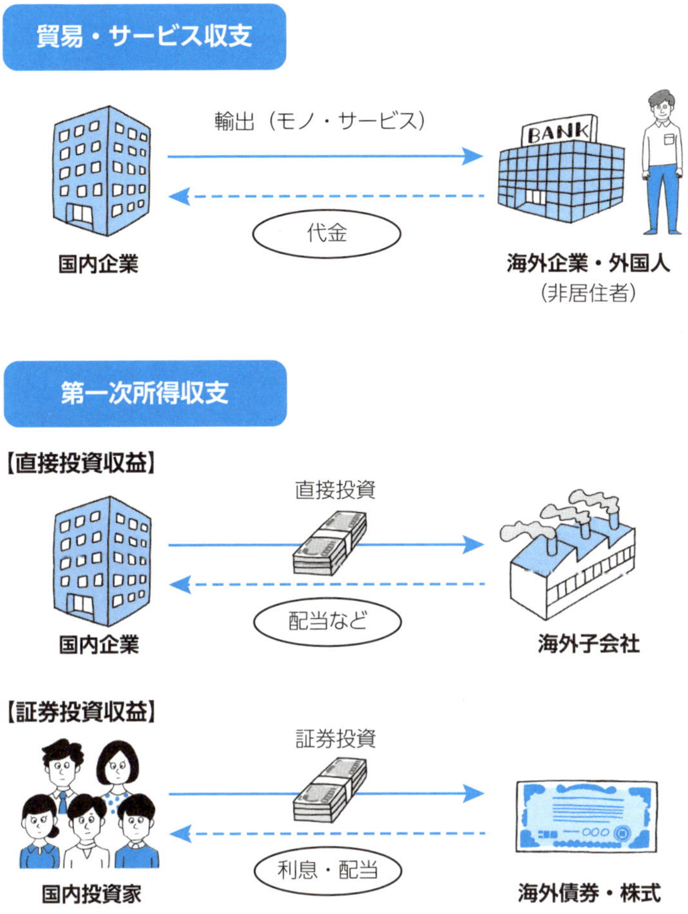

（注1）上図は国内の受け取り方向のみを表示。実際は、海外への支払いを差し引いた収支で考える。
（注2）第一次所得収支には、上図のほかに、貸付・借入などの利息の受け払いである「その他投資収益」がある。

対内外投資と為替レートの関係

貿易のほかに、海外との経済取引として重要なのが、投資です。為替レートに対し、貿易よりも強い影響力を持つといわれます。

海外へ投資を行う際には為替取引が発生します。例えば、日本の投資家が米国企業の株式を購入しようとした場合、手元の円資金をドルに替えてから、そのドルを使って購入します。また、日本の企業が米国に工場を建てる場合も、ドルを手に入れる必要があります。こうした、国内から海外への投資を「対外投資」と呼びます。

なお、投資は「直接投資」と「証券投資」に分けられます。直接投資は、現地企業への経営参加を目的としています。証券投資は文字通り有価証券を購入するものです。

対外投資が増えると、円を売って投資先の通貨を買う為替取引が増えます。投資先が米国であれば、円売りドル買いが増加し、円安ドル高圧力となります（図表5-18参照）。

逆に、海外から日本への投資を「対内投資」と呼びます。対内投資では、投資元となる国の通貨が売られ、円が買われることになります。米国からの投資であれば、円高ドル安圧力となります（図表5-18参照）。

貿易と同様に、投資による為替取引も、対外投資と対内投資のバランスによって、取引のサイドがどちらかに偏ります。例えば、対外投資が減っても、その分だけ対内投資も減っていれば、結果的に円売り・円買いのいずれにも影響を与えません。逆に、対外投資が大幅に増え、対内投資が急減した場合には、円売りに大きく傾きます。

図表5-18 対外投資と対内投資

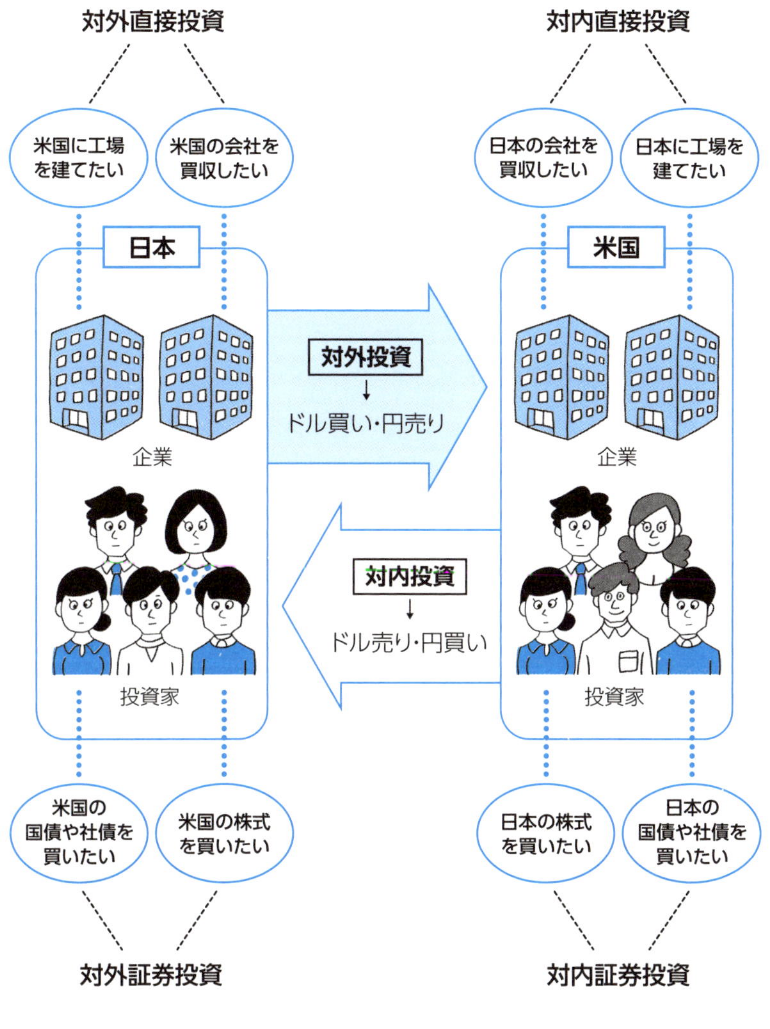

投資のお金は「行って」「帰る」

貿易取引では、モノ・サービスの対価として代金を受け渡しすれば、お金の流れは完結します。一方、投資の場合は将来の投資回収という反対売買がある点に注意が必要です。

図表5-19は、貿易と投資のお金の流れを比較した図です。

投資を開始するときは、債券・株式などの証券を受け取って、発行時であれば海外の発行体へ、流通市場で購入する場合は売り手である海外投資家へ代金を払い込みます。証券の購入は、これで完了します。

しかし、投資はいずれ終了します。債券投資であれば満期がきたら償還されます。また、償還のない株式や償還期限前の債券は、保有者が売却したいと思うときがやってくるでしょう。そのとき、投資開始時と反対の売買が行われます。日本から海外証券に投資していた場合は、投資終了時には外貨売り・円買いの取引が行われます。

なお、投資対象により、回収までの期間は異なります。証券投資は流通市場で売買できるため、直接投資に比べると投資回収が容易です。直接投資は開始時からかなり長期の投資が前提ですし、現地企業を経営しているため、簡単に撤退することはできません。

対外投資・対内投資は開始時と終了時、「行き」「帰り」の2回のお金の流れがある点が特徴ですが、市場変動要因として注意する点でもあります。なぜなら、対外・対内投資のいずれか一方が大きく膨らんだときに、何らかのきっかけで投資回収が加速するような事態が起こると、為替レートを大きく変動させる要因になるからです。この点については、176ページで詳しく説明します。

図表5-19 貿易と投資のお金の流れは違う

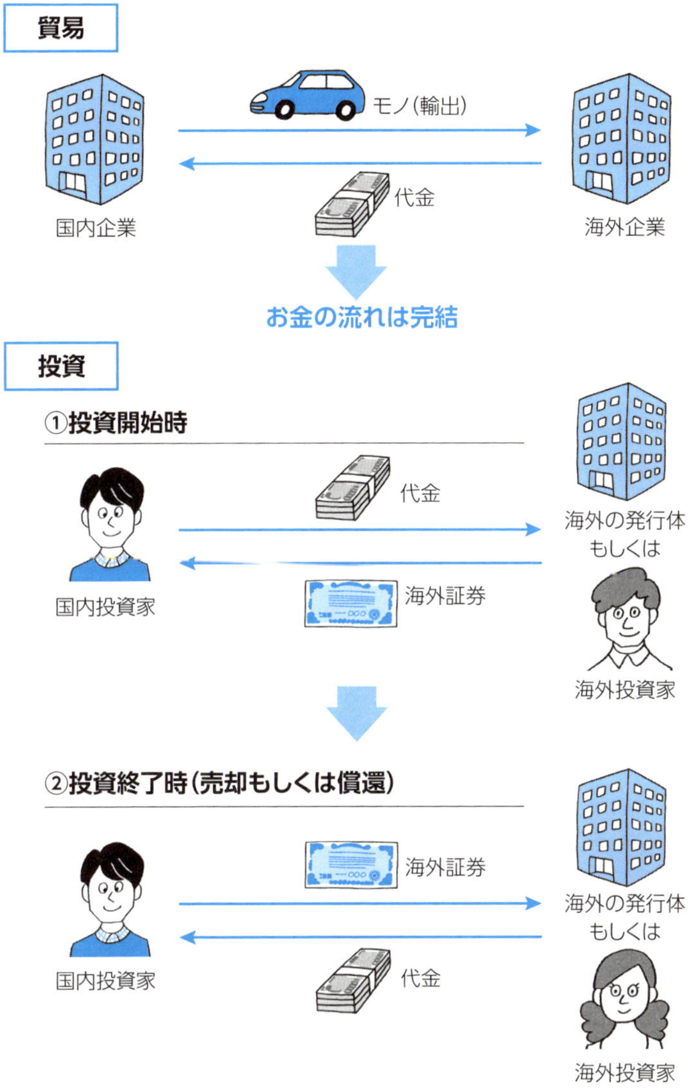

投資における「魅力」とは？

対外投資・対内投資は、投資対象が魅力的かどうかに左右されます。そのため、投資対象として魅力的な国の通貨が買われ、魅力のない国の通貨は売られます。では、「投資の魅力度」とは何でしょうか？

ずばり、魅力度とは、将来期待される収益が大きいことです。

最もわかりやすい魅力度は、「金利差」です。例えば、日本の金利が横ばいのなかで米国の金利が上昇した場合は、相対的に米国金利が高くなるため、米国への投資の魅力が増します。そのため、日本から米国への投資が増え、ドル高円安圧力となります。逆に、日本の金利に対して相対的に米国金利が低くなると、米国への投資の魅力が低下し、ドル安円高の圧力がかかります。

ただし、金利差と為替レートの関係は、背景の経済環境の違いから、逆の動きをすることもあるため、為替レートが常に金利差どおりに動くわけではない点に注意が必要です。

「経済成長率の差」も投資の魅力度の一つです。

直接投資により海外で企業を経営するならば、経済成長率が高い国の方が、事業のチャンスが多く、投資から期待できる利益が大きくなります。また、証券投資で株式を購入する場合は、より大きい株価上昇が期待できます（第4章130ページ参照）。

図表5-20 投資の魅力度がドル円レートに影響する

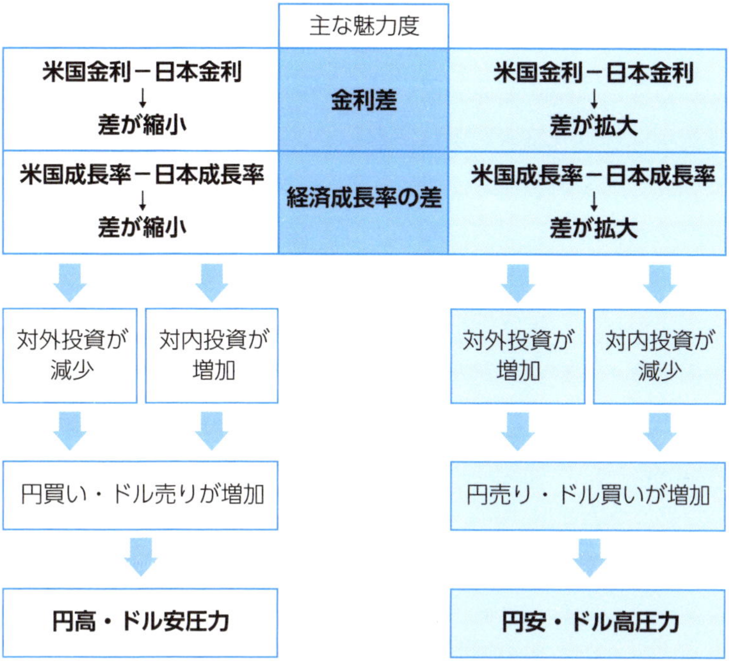

投資が逆流するとき

2017年5月に財務省が公表した統計によると、日本は1991年から26年連続で世界最大の対外債権国となっています。つまり、対外資産残高から対外負債残高を差し引いた、対外純資産額が世界1位なのです。

対外資産は、対外投資により保有している資産です。逆に、対外負債は、国内部門が海外部門から資金調達している、いわば借金の残高です。海外部門にとっては、対内投資により保有している資産です。

日本のような経常黒字国は、資金を運用したいというニーズが高いため、国内よりも大きな収益が期待できる投資先を求めて、対外投資を積極的に行っており、その結果、巨額の対外資産を保有しています。

世界経済が順調に成長し、金融市場が穏やかな状態であれば、国内投資家はリスク選好的になり、高金利·高成長を求めて対外投資が増加し、円安圧力がかかりやすくなります。

ところが、金融市場の混乱などにより将来の不確実性が高まると、投資家はリスク回避的になり、安全な投資先に資金を移動させようとします。対外投資は国内へ引き揚げ、自分の身近なところに置いておきたいという思いが強くなります。危機感が高まり、先を争うように国内へ資金が還流しようとすると、急速な円高の動きにつながりやすくなります。

このようなリスク回避の動きから安全な資産へ資金が移動することを、「質への逃避」といいます。2008年9月のリーマン・ショックが代表的な例で、世界的に株価が急落する一方で、円高が急速に進みました。

図表5-21 対外債権国と債務国

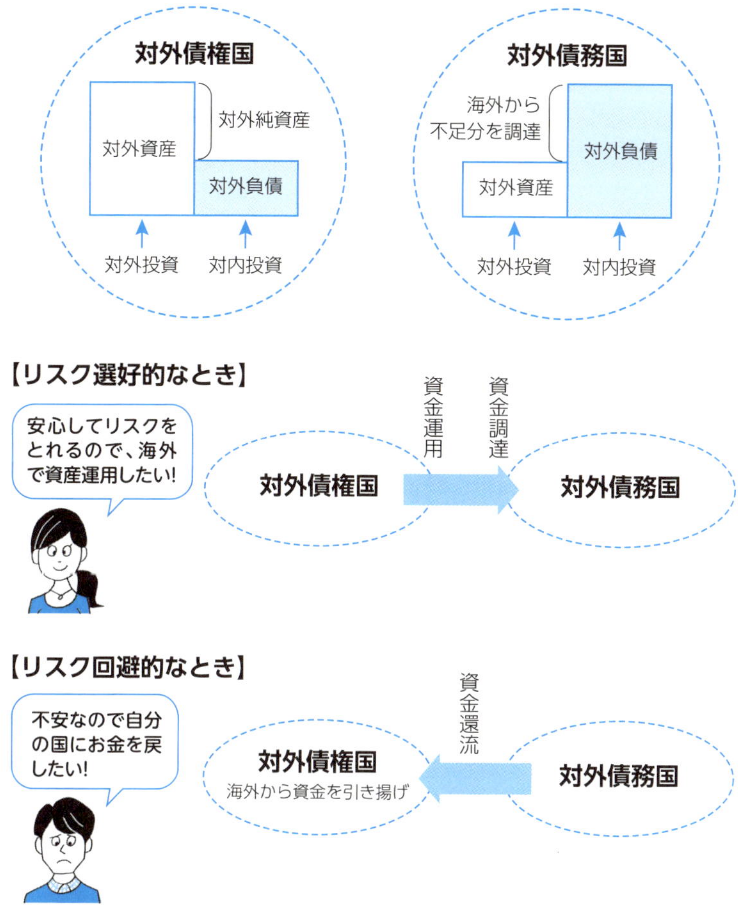

政府の為替政策と為替レート

為替レートの変動要因として、ここまではファンダメンタルズ中心に説明してきましたが、忘れてはならないのが、各国政府の為替政策です。

為替政策の中心にあるのは「為替相場制度」です。為替相場制度は為替レートの決め方のしくみで、その代表格は、為替レートが自由に変動する「変動相場制」と、一つの通貨または複数通貨の組み合わせに対して為替レートを固定する「固定相場制」です。しかし、両者の中間的な制度もあり、その代表格が「管理変動相場制（管理フロート制）」で、市場の需給に任せながらも通貨当局が介入して為替レートを管理します。

日本や米国などの先進国は変動相場制を採用しており、為替レートは市場の需要と供給によって決まります。一方、多くの新興国は、事実上、固定相場制か中間的な制度を採用しています。

為替政策が為替レートへ影響した例として代表的なのは、中国ではないでしょうか。中国は2005年7月に、人民元をドルに釘付けする固定相場制を放棄し、管理変動相場制へ移行したことで、それまで対ドルで固定されていた人民元が上昇し始めました。一方で、人民元上昇を緩やかなペースに管理するため、通貨当局である中国人民銀行が人民元売り・外貨買いの為替介入を実施しました。

また、変動相場制を採用している先進国においても、為替介入が実施される場合があります。例えば、2011年の東日本大震災後に円高が急激に進んだことで、為替レートの無秩序な変動を回避するために、日本政府・日銀が円売り介入を実施しました（図表5-22参照）。

図表5-22 日本政府・日銀の為替介入のしくみ

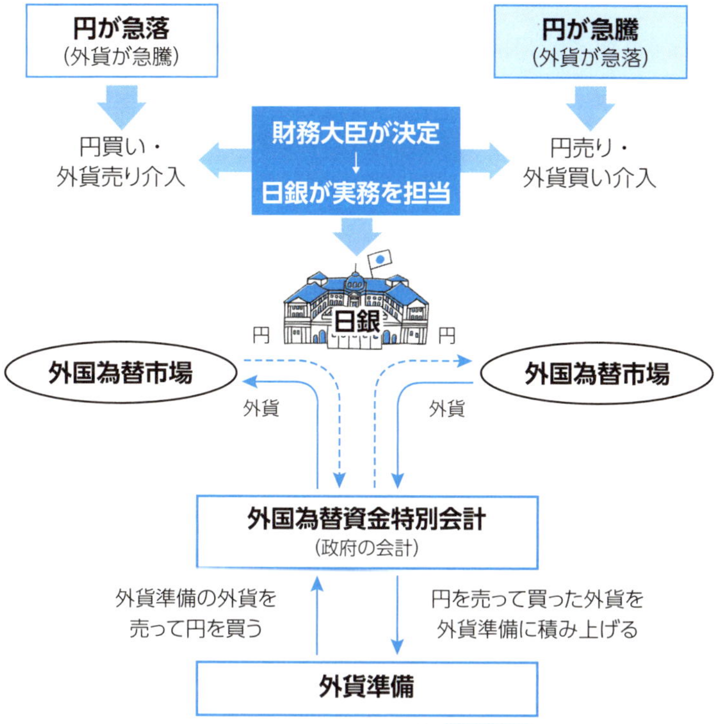

（⇒用語解説）

用語解説 外貨準備

政府や通貨当局が保有する外貨です。対外債務の返済が困難になった場合に備える準備資産として保有されています。

国際協調と為替レート

為替レートの変動要因の締めくくりとして、国際協調を取り上げます。

経済活動が国際化し、国境を越えた取引が活発に行われるようになりました。しかし、何度かの世界経済危機の経験により、どこかの国で金融市場の混乱が発生すれば瞬時に世界に波及することがわかりました。そこで、各国間の政策協調の場が必要とされました。

20か国財務大臣・中央銀行総裁会議（G20）は、1997年のアジア通貨危機、1998年のロシア金融危機を経て、1999年に第1回会合が開催されました。世界経済に影響を及ぼす主要な国々が、世界経済の安定的で持続的な成長のために協力する会議です（図表5-23参照）。かつては、国際協調といえば7か国財務大臣・中央銀行総裁会議（G7）でしたが、新興国の台頭によりG20の重要度が増しています。

G20の声明には、為替レートについての合意事項が記載されており、各国の国際協調の姿勢を確認することができます。例えば、2017年3月のG20声明の為替レートへの主な言及は以下の通りです。

- 為替レートの過度の変動や無秩序な動きは、経済・金融の安定に悪影響を与えうる
- 通貨の競争的な切り下げを回避する
- 競争力のために為替レートを目標とはしない

しかし、20もの国々の利害関係を調整するのは容易なことではありません。G20声明は、G7のような強い合意を伴っていないとの見方もありますが、国際協調により、為替レートが影響を受ける可能性があるため、見過ごせない材料です。

図表5-23 G20参加メンバー

G20

G7
- 日本
- 米国
- 英国
- ドイツ
- フランス
- イタリア
- カナダ

- アルゼンチン
- オーストラリア
- ブラジル
- 中国
- インド
- インドネシア
- 韓国
- メキシコ
- ロシア
- 南アフリカ
- サウジアラビア
- トルコ
- 欧州連合（EU）議長国の財務大臣・欧州中央銀行総裁

各国の財務大臣・財務大臣代理・中央銀行総裁が参加するほか、国際通貨基金（IMF）や世界銀行等の国際金融機関の代表が参加します。

（出所：財務省ウェブサイト）

まとめ

・為替レートの長期的なトレンドは、2国間の物価上昇率の格差の影響を受ける。
・為替レートの中期的な変動要因は貿易と投資に大別できる。
➡貿易：輸出増・輸入減⇒通貨高、輸出減・輸入増⇒通貨安
➡投資：金利差や経済成長率の差など、投資対象として魅力的な国の通貨が買われる。
・各国政府の為替政策も、重要な為替レート変動要因である。

Column

消える高額紙幣、増える電子決済

世界各国では、さまざまな紙幣が発行されています。海外旅行の際に、渡航先の国の現金を手にすると、「このお金でこの国を旅するのだ」と、気持ちが盛り上がります。

そのさまざまな紙幣のうち、高額紙幣に異変が起きつつあります。

2016年5月に欧州中央銀行は最高額の500ユーロ紙幣（2017年8月末のレートで約65,000円）の発行を停止することを発表しました。理由は、犯罪組織の資金洗浄（マネーロンダリング）などに悪用される恐れがあるためです。

これを受けて、世界的に高額紙幣を廃止してはどうかとの声が聞かれるようになりました。現金は、無記名なので犯罪の痕跡が残りにくい一方、かさばって重いため持ち運びに不便です。高額紙幣は、より多い金額をより小さい重量で運ぶことができるため、犯罪行為に利用されやすいといわれます。

一方、新興国では、支払い手段は現金から電子決済へと変化しつつあります。例えば、中国ではスマートフォンを使ったインターネット決済が急拡大しています。先進国と異なり、新興国では銀行システムやクレジットカード決済などの金融インフラが不十分だったため、経済の発展とともに、携帯電話やスマートフォンを使った電子決済が普及していったといわれています。

しかし、外国人旅行者にとっては、数日間のためにその国で使えるスマートフォンやアプリを準備するのは大変なので、今のところはやっぱり現金に頼るしかなさそうです。実際、2016年12月に筆者が中国・上海に出張して当地で働く同僚と食事をしたとき、みんなはスマホで電子決済なのに、筆者だけが現金払いでした。

第6章

資産を守り、増やすために
〜金融市場とのつきあい方

1 金融市場を俯瞰する

実体経済と金融経済のつながり

第２～５章で、主要な金融市場のしくみを個々にみてきましたが、最後のこの章でもう一度、実体経済と金融経済のつながりについて整理します。

第１章で説明したように、実体経済と金融経済は表裏一体であるため、財・サービスの取引の状況とも、お互いに影響を与えます。財・サービスという現実の経済が成長していないのに、資金調達が増加し金融経済だけが膨張し続けると、やがては「バブル崩壊」へつながっていきます。

また、金利・債券・株式・外国為替の市場が独立してばらばらに動いているわけではありません。為替レートが株価に、金利が為替レートに影響するなど、金融市場は相互に影響しあっています。

図表6-1は、これまで説明してきた実体経済と金融取引・金融市場のつながりを簡略な図に表したものです。情報があふれる現代において、膨大な情報をこの枠組みに従って整理していくと、実体経済と金融経済・金融市場の全体像をイメージしやすいのではないでしょうか。

しかし、現実の世界はもっと多くの要素が非常に複雑に絡み合って動いています。第１章でも触れたように、金融市場は常に一定のルールで動くものではないため、図表6-1で示した以外にも、重要な要素が今後登場してくるかもしれません。それでも、金融市場の長期的な方向性は実体経済に根ざしていることを忘れず、金融市場の動きだけに目を奪われないようにすることが大切です。

図表6-1 実体経済と金融経済の相関図

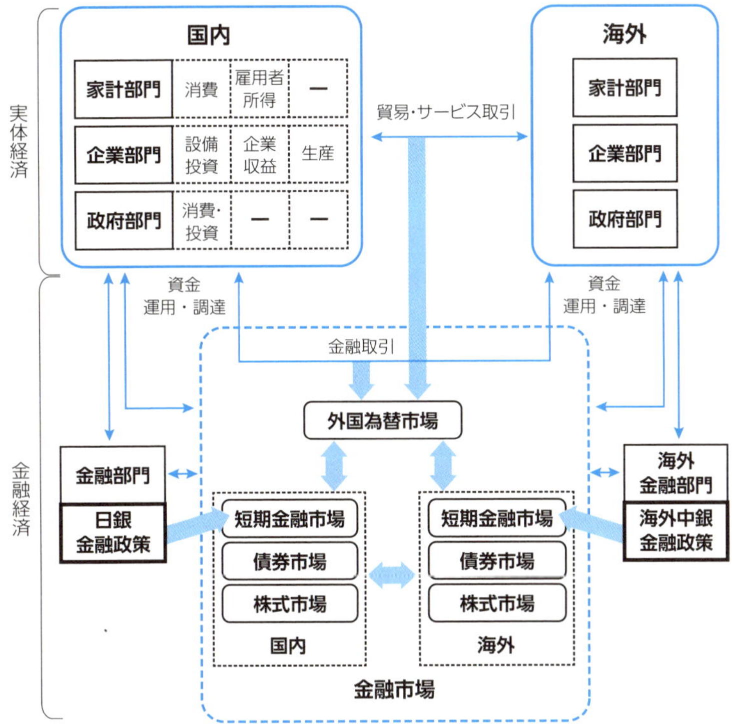

まとめ

- 金融市場は実体経済と相互に影響を与え合い、また、各金融市場は互いに影響しあって動く。

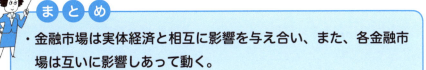

2 金融の「知識」を「実践」に生かす

私も実践！　投資タイミングの分散

実践が伴わなければ、ここまで学んできた金融市場の基礎知識も生かされません。この本は投資のノウハウ本ではありませんが、ここからは、投資・資産運用の実践へ向けた着眼点をご紹介していきます。

預金と異なり、価格変動のある金融資産への投資は、いつ始めようかと逡巡するものです。金融市場の長期トレンドを捉えようとしても、ただ一度の投資タイミングが、短期的な変動で価格が上振れたときだったら、その後の短期的な価格下落に耐えなくてはなりません。

これに対しては、投資タイミングを分散することで、短期的な相場変動のストレスを軽減させることができるでしょう。

図表6-2は、筆者が毎月一定額を日本株と外国債券へ投資し続けた実例です。この間にリーマン・ショックが発生し、毎月の拠出額の合計を割り込む局面もありましたが、その局面は安く買えるタイミングとなりました。

あくまでも過去の実績ですので、将来がこの通りになるわけではありませんが、毎月自動的に投資をするような制度や商品を選ぶことは、短期的な相場変動を常に気にしなくても、ある程度長期的なスタンスで投資に取り組める一つの方法です。したがって、年齢が若い人ほど取り組みやすい手法だと思います。日本経済や世界経済が長期的に成長していくという見通しを持つ人であれば、投資タイミング分散を活用した、株式や外貨建て資産への長期投資を考えてみるとよいでしょう。

図表6-2 毎月積み立て投資の例

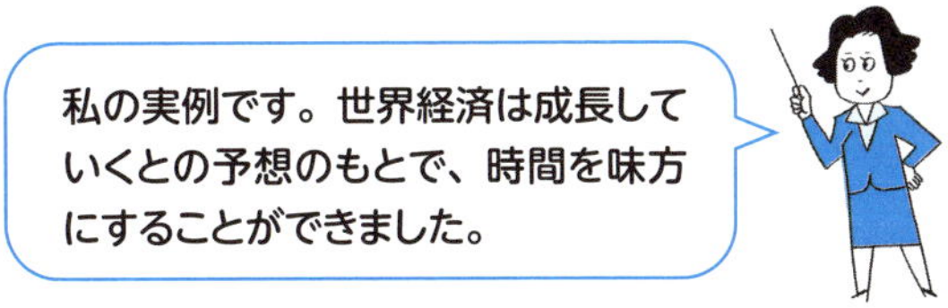

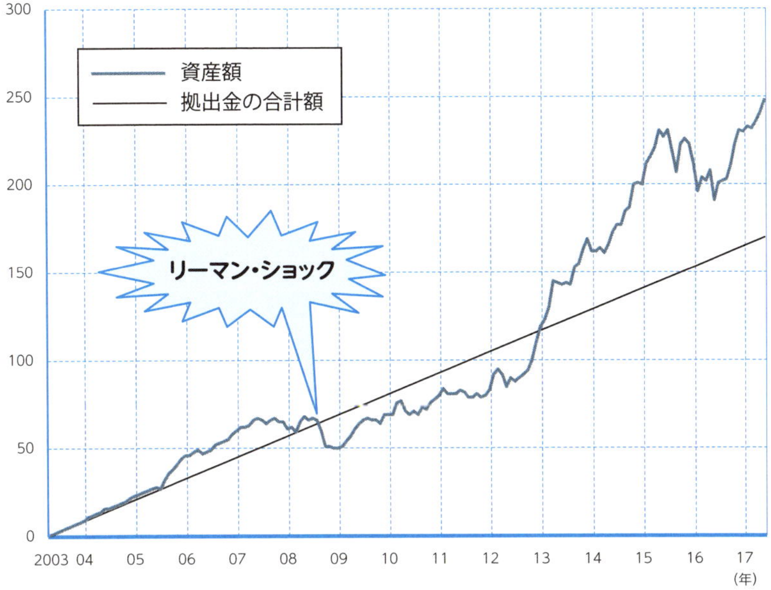

筆者の確定拠出年金運用実績を、毎月の拠出金を１として換算したもの。2003年5月より投資開始。日本株式（TOPIX連動）と外国債券（シティ世界国債インデックス〈除く日本〉連動）を毎月７対３で購入。なお、時価変動による配分比率の調整は実施していない。

将来の自分への送金方法

第1章で、「貯蓄は過去の自分から将来の自分へ向けての送金」、と述べました。自らが判断して、未来への送金方法を選択しなくてはなりませんが、株式や外貨建て資産での運用は、判断が難しく、損失の可能性もあるため、不安だと思う人も多いでしょう。

では、市場価格の変動が少ない銀行預金や円建ての債券ならば、資産価値を目減りさせずに済むのでしょうか。

図表6-3は、日本の10年国債利回りと、各時点における以後10年間の物価上昇率の年平均を比較したものです。例えば、1985年12月時点の10年国債利回りは5.5%で、そこから1995年12月までの10年間の物価上昇率は年平均1.3%でした。信用力の高い国債を満期まで保有すれば、物価上昇以上の利回りで資産を運用できたのです。しかし、1985年12月時点では、将来の物価上昇率を知ることはできません。

この図表を見ると、1973年以降、10年国債利回りが物価上昇率を上回った状態が続いています。つまり、10年間という運用期間に限れば、1973年以降いつでも、10年国債への投資により、10年後の物価上昇分以上の収益を上げることができたわけです（税金は考慮せず）。

問題は、このような状況が今後も続くかどうかです。物価上昇率が今後も長期にわたって0%前後であれば、超低金利の預金や国債でも実質的な資産価値を保つことができます。一方、主要な先進国の中央銀行が目標としている物価上昇率2%が日本でも実現するのであれば、利回りがそれよりも低い預金・債券での運用は、実質的な資産価値の目減りを意味します。

未来への送金方法の選択は、「よくわからないから預金・債券」という消極的な理由ではなく、金融資産の性質を理解したうえで、積極的な理由で決定したいものです。

図表6-3 国債利回りと物価上昇率

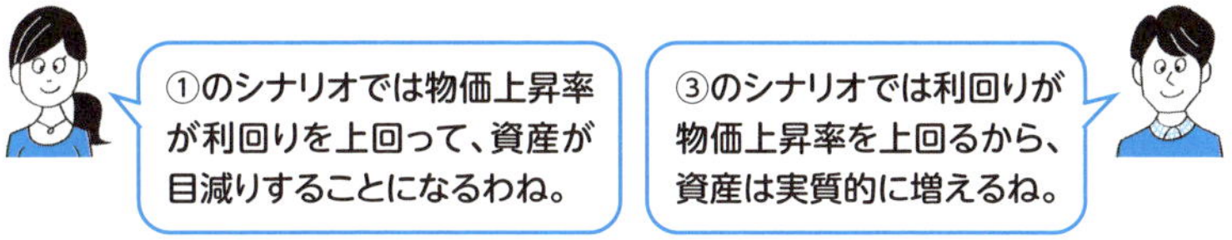

消費者物価上昇率の想定

①前年比+0.4%から1年4か月かけて徐々に+2.0%へ加速し、その後は+2.0%が継続

②前年比0.0%が継続

③前年比+0.4%から1年2か月かけて徐々に-1.0%へ減速し、その後は-1.0%が継続

すべてのケースで、2019年10月の消費増税による物価押し上げの影響を+1.0%ポイントとした

(出所：Bloomberg、INDB-Accel、Datastream)

「リターン」と「リスク」を正しく理解しよう

実践へ向けての着眼点として、投資対象となる金融商品のリターンとリスクを理解することが重要です。リターンとは、投資から得られる収益のことです。リスクとは、リターンの不確実性のことで、リターンがプラスかマイナスかに関わらず、リターンの振れ幅の大きさを指します。ここでのリスクは「危険」の意味ではありません。

銀行預金や国内債券のリターンは低いが、株式や外貨建て資産は高リターンが期待できる、というように、リターンという一面だけでは金融商品の特性は把握できません。

金融商品のリターンのバラツキ度合い、つまり、リスクの面も合わせて特性を評価する必要があります。

図表6-4は、国内株式と国内債券の月ごとの収益率の推移を示したものです。株式は5%や10%などのかなり高い収益率となる月もあれば、大幅なマイナスの収益率となる月もあります。一方、債券の収益率は、株式に比べてプラス方向でもマイナス方向でもかなり小幅なものにとどまっています。

この図表は過去の実績であり、将来のリターンとリスクを表したものではありませんが、リターンの振れ幅が大きいのは債券よりも株式と考えてよいでしょう。一般的には、株式のようにリスクの大きい金融商品だけに投資するのではなく、リスクが低めの債券も組み合わせ、ポートフォリオとして金融商品を保有することが多いようです。

図表6-4 国内株式と国内債券の月ごとの収益率

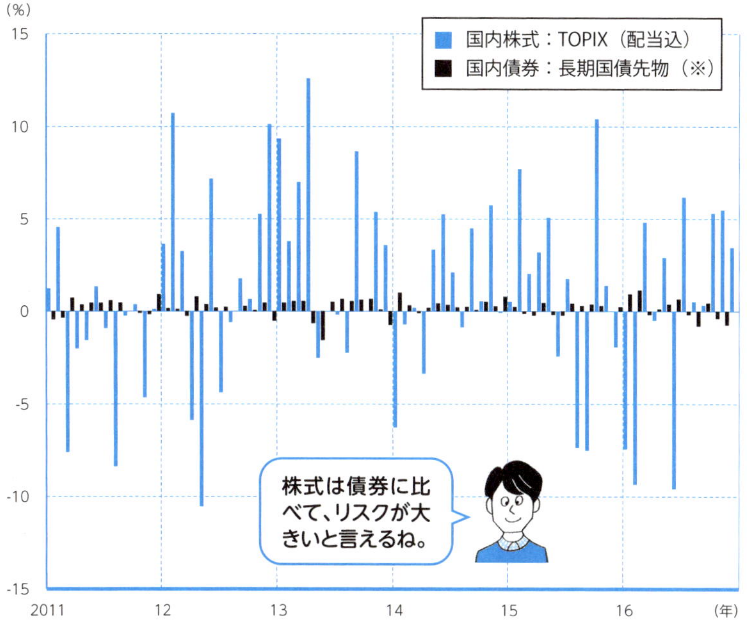

※長期国債先物は、中心限月の交代時に価格差を調整したデータをつなぎ合わせ、月ごとの価格変化率を算出。
(出所：Bloomberg)

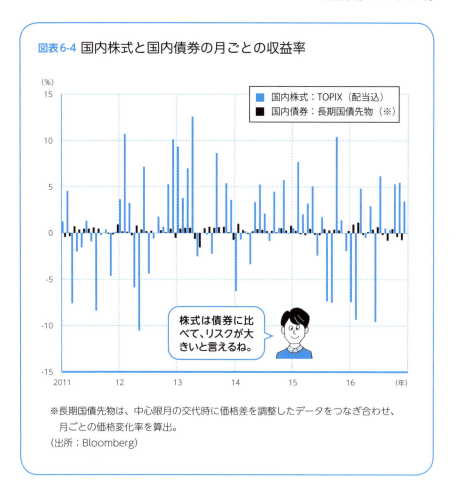

市場間の相関関係は一定ではない

184ページで、金融市場が相互に影響しあっていると述べましたが、各市場間の相関関係（⇒用語解説）は、常に一定ではありません。

図表6-5は、米国の株価の前年同月からの変化率と、長期金利、すなわち米国10年国債利回りの前年同月との差の推移を示したものです。株価と長期金利、2つの数字の動きについて、1998年を境に、それまで逆方向に動いていたものが、同じような動きに変わっていることがみてとれます。

同様に、139ページの図表4-19では、日本の株価と為替レート（ドル円レート）が、「円安・株安もしくは円高・株高」の関係で推移する局面と、「円安・株高もしくは円高・株安」の関係で推移する局面に分かれています。

複数の資産に分散投資してポートフォリオを組む際には、リターンとリスクだけでなく、金融商品同士の相関関係を考慮するのが一般的です。

しかし、2つの例で見たように、金融市場間の相関関係（ここでは株価と長期金利）は、ある局面では同じ方向に動いたかと思うと、また別の局面では逆方向に動くなど、相関関係が変化する場合があります。

相関関係が逆方向に動くことを前提に金融商品を組み合わせて保有していたところが、あるときから同じ方向に動き始めると、ポートフォリオとしてのリスクが大きくなってしまいます。

しかし、相関関係の変化を予想するのは非常に難しく、金融市場の後追いになりがちです。後追いだとしても、なぜ相関関係が変化したのか、その背景を推測し、長期間元には戻らないと予想するなら、ポートフォリオの中身を組み替えて、自分が意図したリスクとなるように調整する必要があります。

図表6-5 米国の株価と長期金利の前年からの変化（1990〜2010年）

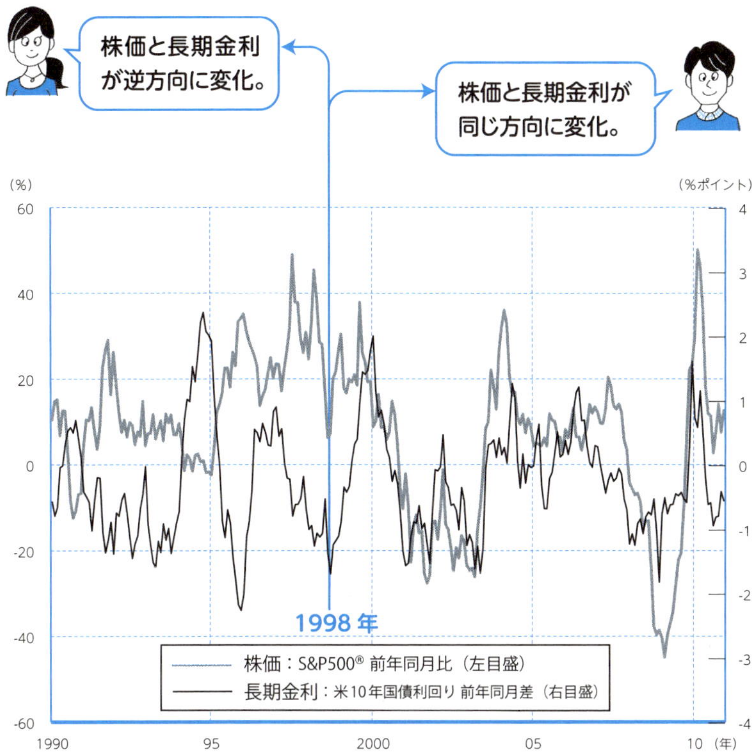

（出所：Bloombergのデータより三井住友信託銀行マーケット企画部が作成）

用語解説 相関関係

2つの変数が密接に関わり合って変動する関係のことです。2つの変数が同じ方向に動く場合は「正の相関」といい、逆の方向に動く場合を「負の相関」といいます。なお、相関関係があるからといって、必ずしも、一方が原因となってもう一方を引き起こしているとは限りません。

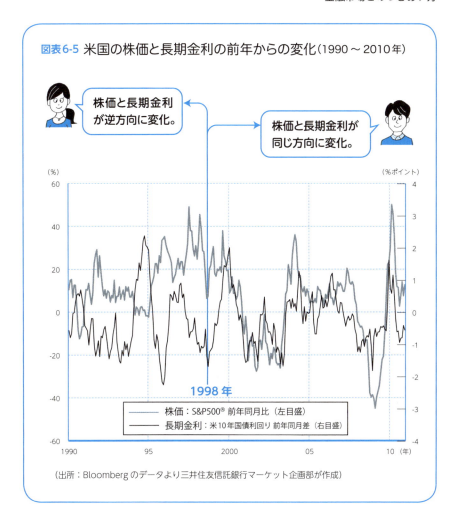

金利と為替レートの関係を理解しよう

相関関係が変化する組み合わせとして、金利と為替レートの関係について整理してみましょう。

為替レートの変動要因について、投資の魅力度として金利差を挙げました（174ページ参照）。しかし、金利と為替レートについては、金利が為替レートに影響するという一方的な関係ではなく、為替レートが金利に影響する場合もあります。

図表6-6は、日本の金利が為替レートに影響する場合と、為替レートが日本の金利に影響する場合、双方の影響の波及経路を整理した図です。

金利と為替レート、どちらが起点になって、どちらへ影響を及ぼしているかは、判断の難しいところです。景気や金融政策などの状況から、総合的に判断するしかありません。

さらに、日本の金利が為替レートに影響する場合は、市場参加者が金利の変化をどのように受け止めるかで、為替レートの反応が変わります。日本の金利上昇を利回りの魅力向上として捉えるならば、為替レートはわかりやすく円高で反応するでしょう。しかし、景気拡大期の最終局面で金利が上昇すると、その先の景気後退を織り込むことで円安となる場合があります。

図表6-6 金利が為替を動かし、為替が金利を動かす

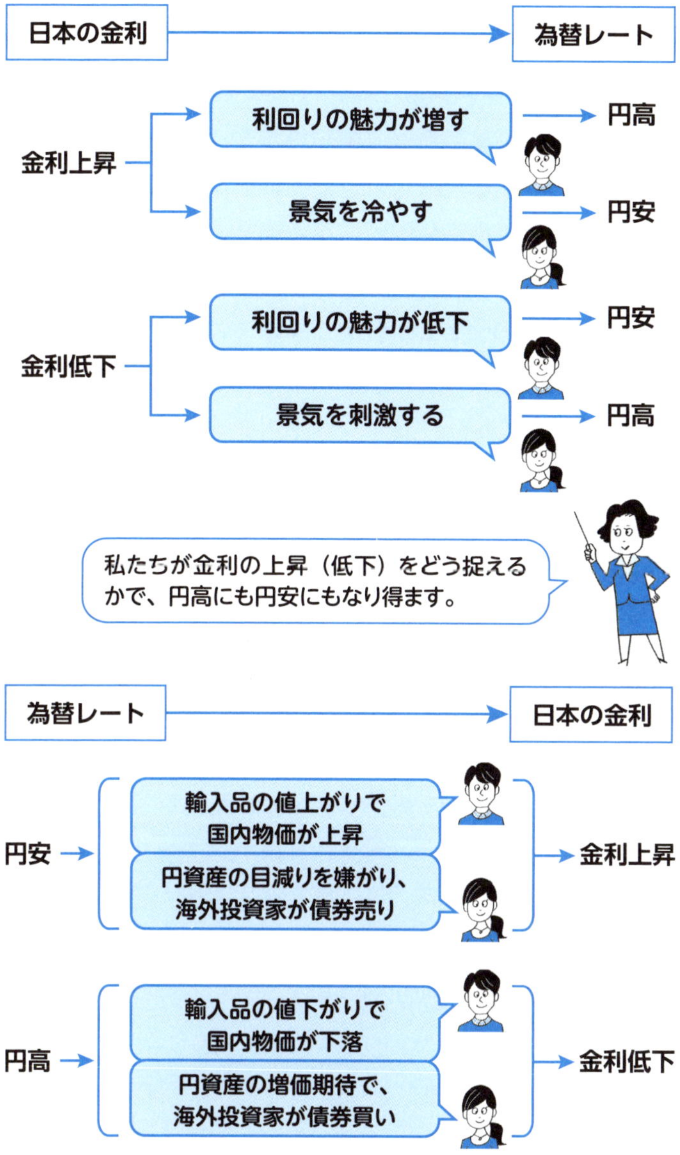

投資対象の「市場流動性」を意識しよう

実際に金融商品を売買する場合は、市場での取引のしやすさを考える必要があります。自分が希望するときに、希望する値段で売買できることを、市場流動性（⇒用語解説）が高いといいます。

市場流動性が高い金融商品は自分が思うように売買できますが、市場流動性が低い金融商品は思ったように売買できず、どうしても資金が必要になって金融商品を売らねばならない場合に、非常に安い値段となったり、買い手が現れずに売れないという事態もあり得ます。

投資対象として金融商品を検討する際は、活発に取引されて売買が成立しやすい商品か、それともその逆か、予め知っておく必要があります（図表6-7）。

とくに、仕事を引退し、それまで形成してきた資産を使う局面が近づいてきたら、生活費の支払いを考えて、保有資産の市場流動性が過度に低くないか見直すとよいでしょう。

なお、通常は市場参加者が多く売買が成立しやすい金融商品でも、金融危機などで一時的に市場参加者がいなくなって、市場流動性が低下する場合もあります。

また、市場流動性の高い金融商品が組み入れられている投資信託などのファンドであったとしても、投資の制度やファンドの特性により、換金しやすさが異なります。例えば、確定拠出年金の運用商品を預け替えたい場合、手続きに時間がかかるため、その間に金融市場が大きく動くと、思ったような価格で売却・購入ができないといった事態もあり得ます。

図表6-7 市場流動性のイメージ図

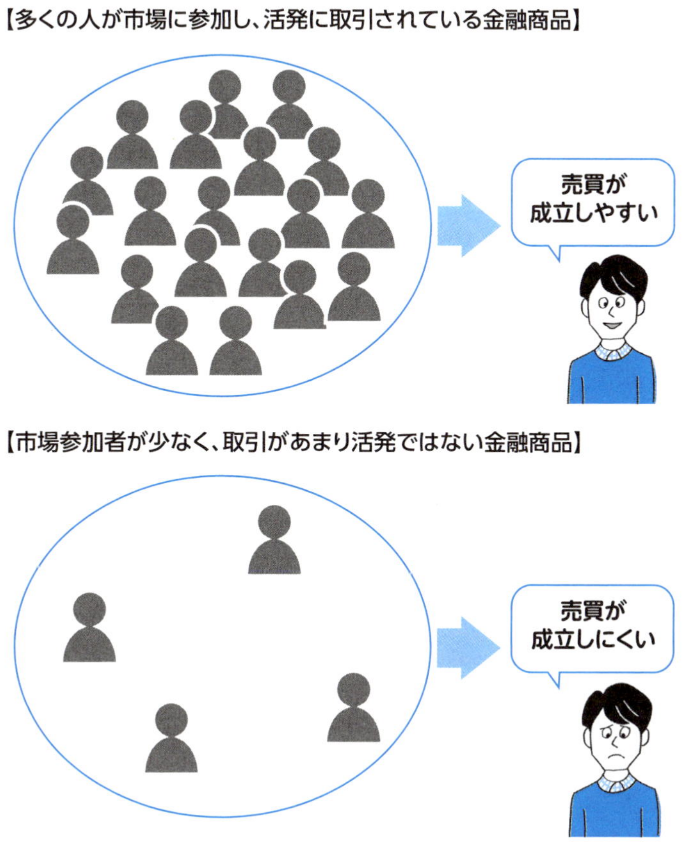

用語解説　市場流動性

自分が思うように市場で取引できるかどうかを示します。市場流動性リスクとしては、①市場の規模が小さく取引量･参加者が少ないために、売り（買い）たいときに売り（買い）たい値段で売れ（買え）ないことと、②市場が混乱し、一時的に市場参加者がいなくなり、通常より著しく不利な価格で取引をせざるをえないことが考えられます。

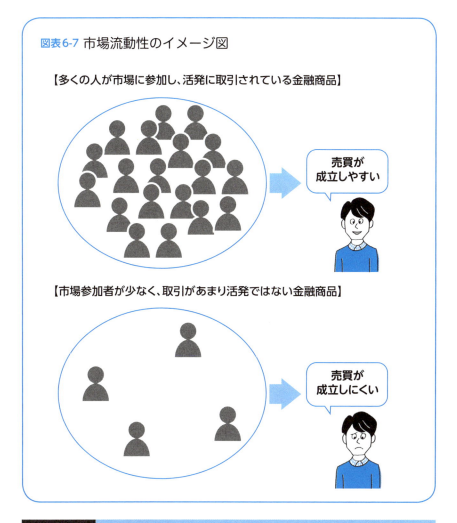

おわりに ～知識を実践に

「貯蓄から投資へ」といわれるようになって久しく、個人の資産形成を促進するため、少額投資非課税制度（NISA）や確定拠出年金（企業型と個人型iDeCo）が導入されています。これらは税金面で優遇されていますが、デメリットもあります。この本で対象にした金融市場の知識だけではなく、このような投資の制度のしくみや税制なども必須の知識です。そのような、経済や金融に関する知識や判断力のことを「金融リテラシー」といいます。「貯蓄から投資へ」闇雲に進むのではなく、金融リテラシーという力を支えに進みたいものです。

とはいえ、資産運用に夢中になって、自分の本業がおろそかになっては、本末転倒です。実体経済と金融経済は表裏一体ですので、資金を運用して得る収益は、めぐりめぐって、資金を調達して事業を行った人の稼ぎが源泉になります。短期的な相場変動を追いかけるのではなく、資産形成には長期スタンスで臨むことで、本業にエネルギーを集中すべきでしょう。

金融商品の性質には、「安全性」「収益性」「流動性」の3つがあるといわれます。「安全性」は投資した資金が損なわれないか、「収益性」はどのくらい運用収益を見込めるか、「流動性」は換金のしやすさを示します。この3つすべてに優れている金融商品はないので、優先する性質を自分なりに整理しておくとよいでしょう。

優先順位は、個人の性格にもよりますが、年代によっても変わってくるでしょう。例えば、労働による収入がある資産形成中の現役世代は、収益性を比較的優先しやすいですが、仕事を引退したら、収益性よりも安全性や流動性に軸足を移すほうがよいでしょう。

近年の情報技術の発展は目覚しく、「フィンテック」という言葉も一般的に使われるようになりました。フィンテックにより、この本で説明してきた従来の資金決済のしくみや資金調達・運用のしくみが変わってくるかもしれません。また、人工知能（AI）の台頭で、金利・株価・為替レートなどの市場価格の動き方も変化するでしょう。

未来は不確定であり、未来を確実に予想できない点で、すべての人は平等です。将来の自分へ資金を送るために、100％確実な方法はありません。経済や金融への関心を持ち、知識と実践できるスキルを身につけていくことが、未来のより良い生活への扉の鍵となります。

用語解説　フィンテック（Fintech）

「Finance（金融）」と「Technology（技術）」を組み合わせた言葉で、情報技術を駆使した新しい金融サービスのことです。

まとめ

- **金融市場の知識は、投資・資産運用の実践で生かされる。そのための着眼点としては、投資タイミングの分散、リターンとリスク、資産分散で考慮すべき市場間の相関関係、市場流動性、投資の制度、税制などがある。**
- **金融商品の性質には、「安全性」「収益性」「流動性」の３つがあるが、すべてに優れている商品はない。**
- **未来のより良い生活のためには、経済・金融の知識と実践できるスキルを身につけることが必要。**

さくいん

な

は

ま

参考文献

「第6版 投資家のための金融マーケット予測ハンドブック」三井住友信託銀行マーケット事業(NHK出版)

「デリバティブキーワード333」三井住友信託銀行マーケット事業(きんざい)

「証券業務の基礎 2017年度版」三井住友信託銀行 三井住友トラスト・キャリアパートナーズ(経済法令研究会)

「経済用語辞典 第3版」金森久雄 編(東洋経済新報社)

「経済学とファイナンス」大村敬一、浅子和美、池尾和人、須田美矢子(東洋経済新報社)

「新・東京マネー・マーケット」東短リサーチ(有斐閣)

「新・債券運用と投資戦略 改訂版」野村證券株式会社金融研究所 太田智之 編著(きんざい)

「2016 証券アナリスト第1次レベル通信教育講座テキスト 証券分析とポートフォリオ・マネジメント 第7回 債券分析」日本証券アナリスト協会 編

「外務員必携2 平成28年版」日本証券業協会

「大人のためのお金と生活の知恵」2016年1月 金融広報中央委員会
http://www.shiruporuto.jp/public/document/container/otona/pdf/otona.pdf

あとがき

金融マーケットを理解するための入門書を書いてはどうか、と声をかけられたのは、2015年12月でした。あれから2年近く時間がかかりましたが、ようやく出版にこぎつけることができました。

仕事でときおり金利・為替の見通しについて講演するのですが、あるとき、金融のプロではない方から、「こういったことを勉強するのにお勧め本はあるか」とたずねられました。プロ向けには「投資家のための金融マーケット予測ハンドブック」(NHK出版)がありますが、わかりやすい入門書というのは思い浮かびませんでした。そんな経験から、金融マーケットをわかりやすく説明することができたら、世の中の役に立てるのではないかとの思いを抱いていました。この本で、その思いが多少なりとも実現できていれば、うれしい限りです。

この本の執筆にあたっては、三井住友信託銀行の筒井澄和副社長、百瀬義徳執行役員には全面的なご支援をいただきました。また、マーケットメイクビジネスユニットの佐藤祐介主任とマーケット金融ビジネスユニットの浅井啓輔主務が、執筆のための準備に尽力してくれました。

最後に、NHK出版の日下基さんには、遅れがちな執筆作業を辛抱強く支えていただき、さらに、自分では誰でも知っていると思い込んでいた事柄が実はそうではなかったことを多々気づかされました。心からの謝意を表します。

2017年10月

三井住友信託銀行 マーケット企画部　瀬良礼子

執筆スタッフ紹介

瀬良 礼子(せら あやこ)

1967年広島県に生まれる。1990年京都大学法学部卒業、三井住友信託銀行に入社。池袋支店、公的資金運用部、総合資金部、市場金融部などを経て、現在マーケット企画部主管兼情報調査チーム長(マーケット・ストラテジスト)。『投資家のための金融マーケット予測ハンドブック』(NHK出版)の執筆スタッフの一人。

装幀・デザイン ★ 折原カズヒロ
イラスト ★ 福田玲子
DTP ★ KIYO DESIGN、越海編集デザイン
校正 ★ 東京出版サービスセンター

60歳までに知っておきたい 金融マーケットのしくみ

2017(平成29)年10月30日　第1刷発行

著者　三井住友信託銀行マーケット企画部

発行者　森永公紀
発行所　NHK出版
〒150-8081 東京都渋谷区宇田川町41-1
電話　0570-002-151(編集)
電話　0570-000-321(注文)
http://www.nhk-book.co.jp
振替 00110-1-49701
印刷　三秀舎
近代美術
製本　藤田製本

ISBN 978-4-14-081725-4　C0033